教育部中等职业教育改革创新示范教材 修订版

连锁经营与管理专业系列教材

导 购 实 务

第2版

主　编　王艳霞

副主编　施四维　覃金菊

参　编　钟　春　何云鹏　黄　巨

机械工业出版社

本书是教育部中等职业教育改革创新示范教材。

本书坚持"以服务为宗旨、以就业为导向、以能力为本位"的原则，以"做中学、做中教"为理念，以销售心理学为支撑，以导购服务过程为主线，重点介绍导购操作流程、识别顾客的技巧、介绍商品的技巧、顾客异议处理的技巧、促成交易的技巧、投诉及退货的处理等导购岗位技能。

本书各项目设置有项目简介、项目要求、能力点、思政教育、项目总结和教学建议，每个任务包括任务导入、任务分析、实训准备、知识储备、任务实施、效果评价等栏目，并附有综合训练以帮助学生巩固基础知识和进行拓展训练，相关知识点以二维码的形式插入演示视频，具有指导性、趣味性和实用性。同时，本书结合新时代大国工匠精神，在专业知识中融入思政教学点，为导购人员入职前奠定良好的职业素养基础。

本书依据中华人民共和国教育部2017年颁布的《中等职业学校专业教学标准（试行）》修订而成，既可作为中等职业学校连锁经营与管理、市场营销专业导购员方向的教材，也可作为连锁经营企业导购员岗前培训教材。

图书在版编目（CIP）数据

导购实务/王艳霞主编. —2版. —北京：机械工业出版社，2021.4
教育部中等职业教育改革创新示范教材. 连锁经营与管理专业系列教材
ISBN 978-7-111-67642-3

Ⅰ. ①导… Ⅱ. ① 王… Ⅲ. ①销售—方法—中等专业学校—教材
Ⅳ. ①F713.3

中国版本图书馆CIP数据核字（2021）第036174号

机械工业出版社（北京市百万庄大街22号 邮政编码100037）
策划编辑：李 兴 责任编辑：李 兴 邢小兵
责任校对：赵 燕 封面设计：王 旭
责任印制：单爱军
北京虎彩文化传播有限公司印刷
2021年4月第2版第1次印刷
184mm×260mm · 10.5印张 · 231千字
标准书号：ISBN 978-7-111-67642-3
定价：34.00元

电话服务   网络服务
客服电话：010-88361066   机 工 官 网：www.cmpbook.com
        010-88379833   机 工 官 博：weibo.com/cmp1952
        010-68326294   金 书 网：www.golden-book.com
封底无防伪标均为盗版   机工教育服务网：www.cmpedu.com

前　言

随着我国经济的蓬勃发展，各类连锁经营企业的触角延伸到各个商业区，伴随而来的是对导购员的大量需求。但是我们发现，在各门店敞开大门、求贤若渴的同时，一些中等职业学校（以下简称"中职学校"）的毕业生希望获得导购这样一份工作，却无法胜任。究其原因，主要是这些中职学校毕业生（以下简称"中职生"）对导购员的工作岗位没有明确的认识，在校期间学习的知识也偏重理论化，和实际运用相差较大。

作为中职生，如何做才能符合企业的导购员岗位要求呢？本书将坚持"以服务为宗旨、以就业为导向，以能力为本位"的原则，以"做中学、做中教"为理念，以销售心理学为支撑，以导购服务过程为主线，以"项目引领、情景模拟"为教学手段，构建以实践能力为本位、以任务驱动为主线的课程体系，使学生在思考、分析、学习、实践、评价的基础上构建新的认识，提升对知识的理解，并掌握导购员的基本操作技巧，从而缩短由学生到员工的适应期，达到使学生快速上岗的目的，真正实现校企间的零距离接轨。

本书依据中华人民共和国教育部2017年颁布的《中等职业学校专业教学标准（试行）》修订而成，是零售、餐饮和服务类连锁经营企业导购员岗位能力素养训练的专业教材。

本书具有以下特点：

1. 结构新颖

中职学校就是要让学生能在学校里将教师传授的知识"学得会"，在今后的工作岗位中"用得上"。为了突出这一点，本书打破传统学科体系的结构，以"工作导向"构建体系，以销售心理学为支撑，以导购服务过程为主线，将导购员岗位工作中所需的知识和技能设计为七个项目，让学生有针对性地进行学习和训练。

2. 实用性强

导购实务是一门实践性很强的课程。本书在了解社会对导购员岗位要求特点的基础上，尽可能地突出课程的实用性，贯彻"做中学、做中教"的理念。本书采用任务驱动法，每个项目在项目简介中指明理论学习要点、单列能力点，便于教师强化训练教学任务；以导购任务引入相关知识，以此培养学生主动思考和分析问题的能力，并在教学过程中设计大量的模拟训练活动，以培养学生解决问题的实践能力。

3. 目的明确

本书的教学内容与导购员岗位工作实际结合紧密。本书以服务为宗旨，以就业为导向，以能力为本位，遵循"将企业引入校园，将岗位引入课堂"的思路，将导购员必备的基本知识与技能以项目化的教学手段，进行强化训练，并结合新时代大国工匠精神，在专业知识中融入思政教学点，在培养学生岗位实际操作能力的同时，重视职业素养潜移默化的熏陶，以实现快速上岗的目的。

4. 教学资源丰富

对教师而言，本书提供教学建议、电子课件（演示文稿）、二维码多媒体微课视频等教学参考资源，降低了教师的教学难度。对学生而言，本书以二维码的形式为各个任务所涉及的技能操作配备了视频演示，有利于学生的学习和训练，降低了学生的学习难度。

5. 编写素材可靠

本书编者具有在真维斯、国美电器、美特斯邦威、中百仓储等大型连锁企业挂职锻炼的工作经验，对连锁经营企业的工作流程、用人标准等有全面的了解，特别是对导购员岗位有切身的体验。同时，本书的编写也得到了上述企业的大力支持，这些企业提供了企业导购工作的相关资料，使本书具有很强的针对性和说服力。

全书共分七个项目总计二十五个任务，建议每周3学时，共计54学时，具体分配如下：

项 目	内 容	理论学时	实训学时	学时合计
项目一	职业准备——正确认识导购员岗位	3	3	6
项目二	打破坚冰——如何接近顾客	4	5	9
项目三	介绍商品——提升顾客对商品的兴趣	4	5	9
项目四	处理异议——化解顾客疑虑	6	6	12
项目五	促成交易——提高成交率	4	5	9
项目六	售后服务——为顾客的再次光临做好铺垫	3	3	6
项目七	超越自我——导购员职业发展规划	1.5	1.5	3
合 计		25.5	28.5	54

本书由王艳霞担任主编，施四维、覃金菊担任副主编，参编人员有钟春、何云鹏、黄巨。本书编写分工如下：施四维负责项目一、项目二，王艳霞负责项目三，钟春、何云鹏负责项目四、项目七，覃金菊、黄巨负责项目五、项目六，最后由王艳霞统稿。

本书第1版的编写得到了已故彭纯宪校长的悉心指导，从编写到定稿，他为本书提出了许多宝贵意见。在编写过程中，还得到了武汉市供销商业学校、武汉市第一商业学校、真维斯服饰（中国）有限公司、武汉国美电器有限公司、武汉中百连锁仓储超市有限公司等单位的鼎力支持，在此一并表示衷心的感谢！

选用本书作为教材的中职学校及其老师，可以通过机械工业出版社教育服务网（http://www.cmpedu.com）获取助教课件。欢迎广大教师加入中职连锁经营与管理专业交流群（QQ：131142302），交流教学经验和分享教学资源。

由于编者水平有限，书中错误和遗漏在所难免，敬请广大读者批评指正。

编　者

二维码索引

序号	名称	图形	页码	序号	名称	图形	页码
视频1-1	导购员举止礼仪		11	视频4-1	顾客异议的处理		66
视频2-1	洞悉顾客心理		25	视频5-1	捕捉成交信号		92
视频2-2	急躁型顾客的接待		29	视频5-2	抓住成交时机		98
视频3-1	介绍商品		56	视频6-1	处理退换货		121

目　录

项目一
职业准备——正确认识导购员岗位

项目简介

本项目主要是从总体上正确认识导购员的岗位，了解导购员的素质要求和主要职责，强调导购员的礼仪规范，熟悉导购员岗位的基本技能，为后面各项目的学习和技能训练打下基础。本项目的内容如图1-1所示。

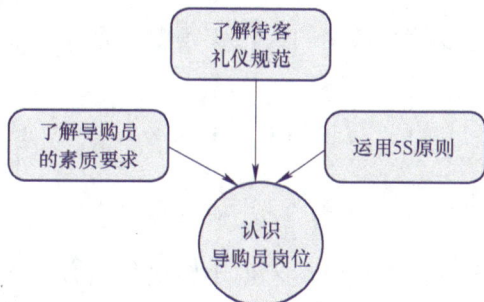

图1-1 认识导购员岗位

项目要求

掌握导购员的素质要求；对导购员接待顾客的礼仪进行强化训练；学会运用5S原则，具备导购员必须掌握的待客礼仪。

能力点

➢ 能正确展示导购员礼仪规范。
➢ 能灵活运用5S原则。

思政教育

一些优秀的导购员之所以业绩出众，除了丰富的专业知识，还有一些独特的做法。在接待顾客时，他们态度端正，语言委婉，语气轻柔，以和为贵。称呼顾客"亲"，频繁使用"哦""啊"等语气词，真正让顾客享受到专业、周到的导购服务。结合本项目的任务一"了解导购员的素质要求"，加强理论与实际的联系，培养导购员的钻研精神，树立在平凡的导购岗位中培养全心全意为顾客服务的意识。

任务一　了解导购员的素质要求

任务引入

在某商场专柜，顾客因为要买一件黑色风衣，试了导购员小敏推荐的一款，穿上身后的效果感觉一般，价格599元，面料是棉质的。顾客认为价格略高，问了一句："有折扣吗？"小敏答："没有！"于是顾客表示不想要了。小敏问顾客："你只买打折的衣服吗？"顾客听后很不舒服，不过觉得没必要和她斗嘴，就准备走了，听见身后小敏说："那你试什么试！"

导购员是在销售一线直接面对顾客的人，代表整个企业和品牌的形象，因此导购员必须具备较高的素质。

任务分析

小敏所在的专柜品牌定位在白领阶层，而小敏接待顾客的态度显然不符合导购员的角色要求。这样的导购员势必会影响销售业绩乃至品牌形象，究其原因是她没有具备导购员应有的素质，也没有掌握正确的待客之道。

实训准备

教学设备准备： 多媒体教室、3部手机。
教学组织形式： 将学生按4人分成一个小组，以小组学习为主。
任务学时安排： 共2学时，教师讲授1学时，学生训练1学时。

知识储备

一、导购及导购员

导购是销售工作的一种形式，与推销目的相同，但在实现方式上又存在不同。导购员是从事导购工作的具体人员。

（1）导购从字面上讲，即引导顾客促成购买的过程。顾客进入店内之初往往存有怀疑，阻碍着购买行为的实现，而导购就是要消除消费者心里的种种疑虑，帮助顾客实现购买。

（2）导购员是处于某一特殊环境、直接面向顾客的终端业务员，在一定时期内（比如一年或两年）具有一定的稳定性，在具体的工作中通过现场恰当的举止和优质的服务，给顾客留下美好的印象，从而树立良好的品牌形象和企业形象，使顾客当场购买或形成购买冲动；同时，导购员又通常负责所在卖场的终端建设与维护，并适当协调客情关系。

（3）导购员与推销员的区别。导购员是在柜台前向过往的流动顾客推销产品，本身是静止的，而他要面对的客户群体却是相对流动的；推销员是通过前往个人或企业的住所进行产品推销，其本身是流动的，而他要面对的客户群体是相对静止的。

二、正确认识导购工作

要做好导购工作，首先要对导购工作有一个正确的认识。

（1）正视导购员的工作。为什么有的导购员会小看自己的工作呢？因为他们对导购工作一知半解，认为自己身无一技之长，在求职无门的情况下，才去从事导购工作，所以自己在入职之前，就否定了导购这项工作。这些无可奈何的导购员的心理状态是："反正找不到工作，先在这儿凑合待一阵子再说。"

由于有的人心理上先持否定态度，自然也就瞧不起这份工作。因此，在大多数的情况下，当亲友问起其工作时，非但不能坦然回答"我在某商店做导购员"，反而轻描淡写地说："我在专卖店服务。"

（2）不要认为导购很容易。很多导购员认为自己的工作很容易干，只要四肢健全、勤快就可以，这是错误的观念。实际上，导购是一门高深的学问，要成为优秀的导购员，必须经过专业训练和长期的经验积累，要掌握心理、营销、表演、口才、人际沟通以及咨询管理等知识和技巧。

因此，导购员必须是一个全才，不但双手要敏捷，双脚要勤快，而且头脑要灵活，心灵要开放。我们可以这样说：使用双手的是劳工；使用双手与头脑的是舵手；使用双手、头脑、心灵的是艺术家；只有使用双手、头脑、心灵再加上双脚的才是真正优秀的导购员。

三、导购员必须具备的七大意识

要成为一名合格的导购员，必须具备以下意识：

（1）目标意识：就是要明确自己的工作目的和目标，并以此来开展工作。

（2）利润意识：是指考虑围绕利润和成本来开展工作。

（3）顾客意识：以服务顾客为主旨，想顾客所想，及顾客所及。

（4）改善意识：是要时常检讨工作中的问题点，善于分析和总结改善的方法，实施改进，以提升自己的营业水平。

（5）品质意识：是指不仅要维护好商品的质量，更要注意自己的服务质量。

（6）纪律意识：是指要严格按营业规章、服务规范办事。

（7）协作意识：强调与同事沟通协作，既虚心向别人请教，又乐于帮助别人，共同做好工作。

■ **小知识**

客情关系（Customer Emotional Relationship）是指产品、服务提供者与其客户之间的情感联系。从某种意义上来说，客情关系是公共关系和关系营销的一个分支，是产品、服务提供者在市场活动中，伴随客户关系建立、发展和维护所必然产生的情感联系。

任务实施

了解导购员的素质要求包括两个部分，如图1-2所示。

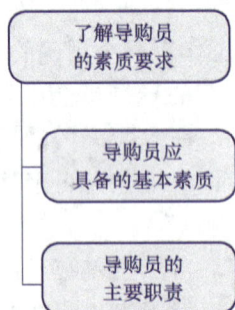

图1-2　导购员的素质要求

一、导购员应具备的基本素质

导购员应具备的基本素质包括10个方面，如图1-3所示。

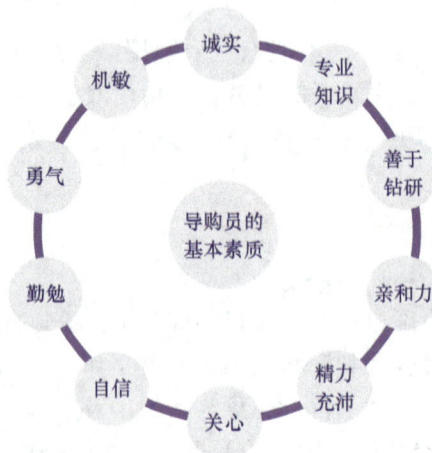

图1-3　导购员应具备的基本素质

（1）诚实：一些不诚实的导购员可能会得意一时，但是在透支自己及企业的信用，从长远看，只有诚实才能永保自身和企业的持续发展。

（2）机敏：一个导购员为了"判断与解决"各种大大小小的问题，必须时刻保持机敏和伶俐，否则工作中容易失误和犯错。

（3）勇气：营销是必须经得起不断的挫折和挑战的工作，没有勇气就无法在这一行勇往直前。那些经验丰富的导购员在面对各种困难时，虽然偶尔也会有退缩或放弃的念头，但他们迎难而上，百折不挠，因为他们有无比的勇气。

（4）勤勉：勤勉就是全力投入，有着非凡的毅力和坚韧的精神，即使在业绩下滑的暂时困难和压力下还是奋起直追，完成任务。

（5）自信：对自己有信心，对公司的产品有信心。自信的导购员，也就拥有了成功的一半。

（6）关心：关心他人不仅是人类的美好品德，也是导购员必须具备的"职业习惯"。每一位成功的导购员都亲切而富有同情心，受人欢迎。

（7）精力充沛：为了目标，全力冲刺，需要时刻保持旺盛的精力和活力，开动脑力和体力努力完成任务。

（8）亲和力：善于与人打交道，善于发现他人优点，待人真诚。

（9）善于钻研：处于竞争激烈的卖场，不积极钻研是不可能成功的。善于钻研自己商品的优点，收集、对比竞品的特点、价位、措辞用语等，总结出一套适合这个卖场并能凸显自己品牌和商品优势的介绍辞令，应对顾客提出的各种问题。

（10）专业知识：拥有丰富的专业知识，了解行业动态，成为行业的专家，才能在工作中游刃有余，赢得顾客的信赖。

二、导购员的主要职责

在销售现场，导购员（包括促销员，以下统称导购员）直接与顾客进行面对面沟通，向顾客介绍商品，回答顾客提出的问题，引导顾客做出购买决策。把商品卖出去是导购员的天然职责，但是一个好的导购员绝不只是把商品卖出去这么简单。销售是涉及买卖双方的事，因此，站在顾客与企业的不同角度看，导购员的主要职责也不相同，见表1-1。

表1-1　导购员的主要职责

站在顾客的角度	站在企业的角度
为顾客提供服务	宣传品牌
	商品销售
	商品陈列
	收集信息
帮助顾客做出最佳的选择	带动终端的商品销售
	完成填写报表等事务工作，并及时汇报
	完成主管交办的各项任务及卖场安排的有关工作

效果评价

【情景模拟】某手机柜台，先后有白领女性、老年人和一位大学生三位顾客，导购员分别接待这些顾客。

【实训要求】学生按四人一组轮流扮演情景中的四个角色。扮演导购员角色时，至少能表现出导购员三个方面的素质要求。根据实训结果完成表1-2。

表1-2　导购员素质要求实训效果评价表

考 核 项 目	考 核 标 准	得 分
职业素养（20分）	1. 按时出勤，课堂表现好（10分）	
	2. 仪容仪表标准（10分）	
关键能力（55分）	1. 能具备导购员所需的七大意识（10分）	
	2. 能掌握导购员的职责（10分）	
	3. 能训练自己具备导购员应具备的素质（15分）	
	4. 能够迅速处理情景模拟中遇到的问题（10分）	
	5. 具有良好的口头表达能力（10分）	
知识技能（25分）	1. 能够说出导购员的七大意识（5分）	
	2. 能够列举导购员应具备的素质要求（10分）	
	3. 能够说出导购员的具体职责（10分）	
合 计		

心得体会：

任务二　了解待客礼仪规范

任务引入

一位顾客走进酒家要了酒菜，吃完摸摸口袋发现忘带钱了，便对店老板说："店家，我今日忘带钱了，改日送来。"店老板连声说："不碍事，不碍事！"并恭敬地把他送出了门。

这个过程被一个无赖给看见了，他也进了酒家要了酒菜，吃完后摸了一下口袋对店老板说："店家，今日忘带钱了，改日送来。"谁知店老板脸色一变，揪住他，非剥了他的衣服不可。无赖不服地说："为什么刚才那人可以赊账，我就不行？"店老板说："人家吃饭，筷子在桌子上找齐，喝酒一盅盅地倒，斯斯文文，吃罢掏出手绢揩嘴，一看就知是个有德行的人，岂能赖我几个钱。你呢？筷子在胸前找齐，狼吞虎咽，吃上瘾来，脚踏上条凳，端起酒壶直往嘴里灌，吃罢还用袖子揩嘴，一看分明是个居无定所、食无定餐的无赖之徒，我岂能饶你！"

一席话，说得无赖哑口无言，只得留下外衣，狼狈而逃。

任务分析

　　店老板面对顾客同样的要求，为什么处理方式如此悬殊？是因为他面对的顾客举止中透露出的个人品质不同。作为导购员，应掌握正确的待客礼仪规范，为个人及企业树立良好的形象。

实训准备

　　教学设备准备：多媒体设备、2袋洗衣粉。
　　教学组织形式：全班学生分组，每组4人，以小组学习形式为主。
　　任务学时安排：共2学时，教师讲授1学时，学生训练1学时。

知识储备

一、仪容仪表整洁的重要性

　　导购员在工作中的仪容仪表直接影响着顾客的第一印象。尽管第一印象并非总是正确，但却总是最鲜明、最牢固，并且决定着以后双方交往的过程。仪容仪表整洁具有以下积极意义：
　　（1）给人第一印象好。
　　（2）导购员自我感觉好（有利于改善自己的心绪）。
　　（3）容易得到顾客的信任。
　　（4）有利于改善工作场所的气氛。
　　（5）有利于改善工作成果。

二、职业仪表

　　职业仪表是指导购人员在工作时的服装、修饰、举止姿态、精神状态、个人卫生等方面的外观表现，以能反映健康的精神面貌、给顾客带来良好的感觉为标准。
　　（1）仪表是指容貌和衣着打扮。
　　头发：要经常清洗，保持整洁，男职员不宜留长发。
　　指甲：不能太长，经常注意修剪，女职员涂指甲油要用淡色。
　　口腔：保持清洁，上班前不能饮酒和吃有异味的食物。
　　化妆：女职员化妆应给人清洁健康的印象，不能浓妆艳抹，不宜用香味浓烈的香水。
　　着装：着装应整洁大方或着职业装，佩戴公司胸章。
　　（2）姿势和动作主要包括站姿和坐姿以及言行举止等行为细节。
　　站姿：两脚脚跟着地，脚尖分离约45°，腰背挺直，胸膛自然，颈脖伸直，头微向下，使人能看清面孔，两臂自然、不耸肩，身体重心在两脚之间。与顾客洽谈或在上级面前时，不得把手交叉抱在胸前。

坐姿：身体端正，把双腿平行放好，不得傲慢地把腿向前伸或向后伸，或俯视对方。

> **温馨提示**
>
> 第一印象至关重要，任何会面的前五秒钟要比接下来的五分钟重要得多。良好的仪表和举止将给顾客留下美好的印象，并使沟通更加顺利。

任务实施

了解待客礼仪规范包括三个部分，如图1-4所示。

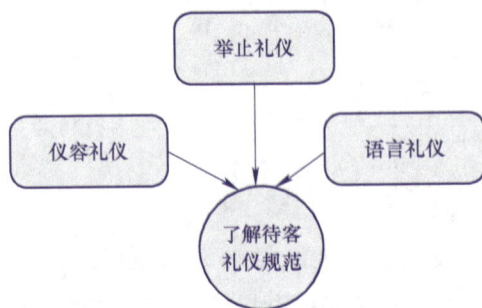

图1-4　待客礼仪规范

一、仪容礼仪

服务行业的从业人员在自己的工作岗位上时，应按照本行业的相关规定，对自己的仪容进行必要的修饰与维护。服务礼仪要求导购员在修饰与维护本人的仪容时，重点应当放在面部修饰、手部修饰、发部修饰、化妆修饰四个方面。

（1）仪容礼仪的基本要求。

1）注意讲究个人卫生。

2）头发应修剪、梳理整齐，保持干净，禁止梳奇异发型；男员工不能留长发（以头发末端不盖过耳背及衣领为度），禁止剃光头、留胡须；女员工留长发应以发带或发卡夹住。

3）女员工提倡上班化淡妆，不能浓妆艳抹；男员工不宜化妆。

4）指甲修剪整齐，保持清洁，不得留长指甲，男员工严禁涂有色指甲油。

5）上班前不吃葱、蒜等有异味的食物，不喝含酒精的饮料，保持口腔清洁。

6）进入工作岗位之前应注意检查并及时整理个人仪表。

（2）导购员的服饰礼仪是指导购员在工作时的服装、修饰、个人卫生等方面的外观表现，以能反映健康的精神面貌、给顾客带来良好的感觉为标准。导购员的服饰礼仪要求见表1-3。

表1-3 导购员服饰礼仪参照表

类　型	服饰礼仪要求	
性别	男性	女性
外套	深色西服或卖场工衣	职业套装或卖场工衣
领带	颜色不可过于鲜艳，图案不得怪异	不佩戴或佩戴职业领带
化妆	不宜化妆	略施淡妆，严禁浓妆艳抹
首饰	严禁佩戴首饰	不佩戴或佩戴总数不超过三件
衬衫	保持衬衫领口和袖口干净	
裤子	与上衣面料、颜色搭配协调	
袜子	纯色面料，深色袜子，以黑色为佳	
鞋子	以黑色为主，并时刻保持光亮	
头发	干净整齐，发型不得怪异	
双手	双手干净，指甲内无污物，严禁涂有色指甲油	

■ **小知识**

化妆禁忌：离奇出众、技法出错、残妆示人、岗上化妆。

二、举止礼仪

举止是一种不说话的"语言"，能在很大程度上反映一个人的素质、受教育的程度以及能够被别人信任的程度。

（1）站姿：人们在站立时，不但姿势要挺拔、优雅，还要保持身体的舒适。导购员因其职业要求，在工作中应该使用正确的站立姿势，使男士显得挺拔稳重，女士显得优雅端庄，给人以热情可靠、落落大方之感。标准站姿如图1-5所示。

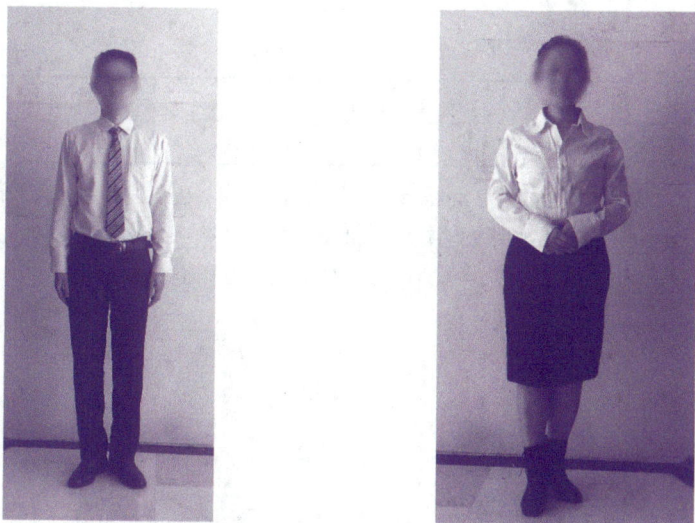

图1-5 标准站姿

▽ **温馨提示**

导购员站立时，切忌头上仰或下垂、弯腰驼背、重心不稳、双手叉腰。

（2）坐姿：入座时要轻，坐椅子的2/3，身体端正，双膝自然并拢（男性可略分开）。身体稍向前倾，则表示尊重和谦虚。导购员坐姿标准见表1-4。

表1-4　导购员坐姿标准

男 导 购 员	女 导 购 员
可将双腿分开略向前伸，如长时间端坐，可双腿交叉重叠，但要注意将上面的腿向内回收，脚尖向下	入座前应先将裙角向前收拢，两腿并拢，双脚同时向左或向右放，两手叠放于左右腿上。如长时间端坐可将两腿交叉重叠，但要注意上面的腿向内回收，脚尖向下

> **温馨提示**
>
> 任何时候都不能抖腿！

错误的坐姿，如图1-6所示。

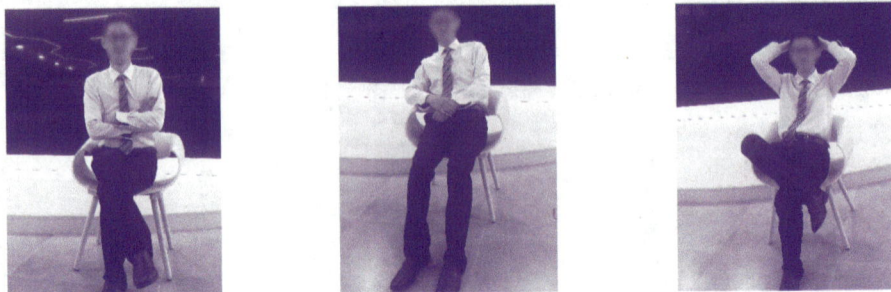

图1-6　错误的坐姿示例

（3）行走：走是风度的亮相，须步履轻盈、步伐均匀、步线正直、摆臂自然。导购员走姿标准见表1-5。

表1-5　导购员走姿标准

男 导 购 员	女 导 购 员
抬头挺胸、步履稳健、自信、避免八字步	背脊挺直，双脚平行前进，步履轻柔自然，避免做作

（4）蹲姿：下蹲时，两腿合力支撑身体，避免滑倒；应使头、胸、膝关节在一个角度上，使蹲姿优美。女士无论采用哪种蹲姿，都要将双腿靠紧，臀部向下抵住脚跟。下蹲拾物时，应自然、得体、大方，不遮遮掩掩。正确的蹲姿如图1-7所示。

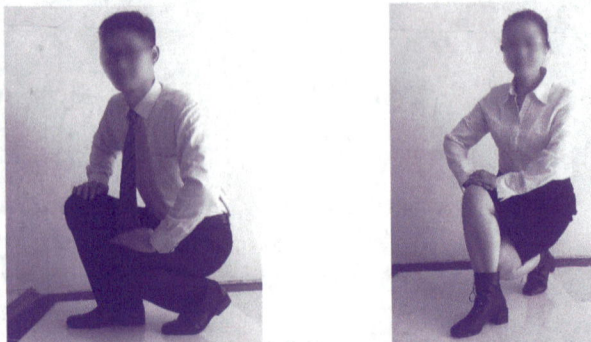

图1-7　正确的蹲姿

蹲姿禁忌：弯腰捡拾物品时，两腿叉开、臀部向后撅起是不雅观的姿态，如图1-8所示。

正确蹲姿有三个要点：迅速、美观、大方。若用右手捡东西，可以先走到其左侧，右脚向后退半步后再蹲下来。脊背保持挺直，臀部一定要蹲下来，避免弯腰翘臀的姿势。男导购员两腿间可留有适当的缝隙，女导购员则要双腿靠紧，穿旗袍或短裙时需更加留意，以免尴尬。

图1-8　错误的蹲姿

（5）手势：手势是无声的语言，不同的手势能够传达丰富的感情和含义。需要用手指引某样物品或接引顾客和客人时，食指以下靠拢，拇指向内侧轻轻弯曲，指示方向。招手：向远距离的人打招呼时，伸出右手，右胳膊伸直高举，掌心朝着对方，轻轻摆动。

（6）微笑：微笑是最好的名片。导购员必须要发自内心地微笑，不要空有一副职业表情，而内心却厌恶和排斥顾客。微笑的同时要注意自己内在涵养和素质的表现，既要让顾客在彬彬有礼的微笑服务中感受到被尊重和关爱，又不至于使客户感到过分客气和生疏。在微笑时，尽量不要发出太大的声音，也不要表现得过于夸张，否则顾客会觉得不舒服。

（7）眼神：当导购员向顾客介绍产品时，眼神中透射出的热情、坦诚、自信和执着往往比口头说明更能让顾客信服。恰当的眼神非常重要。

在微笑时注意与对方保持正视的微笑。高于对方视线的微笑会让人感到被轻视，低于对方视线的微笑会让人感到存有戒心。眼睛要有胆量正视和接受对方的目光。导购员举止礼仪演示见视频1-1。

视频1-1　导购员举止礼仪

视线停留的位置。导购员与客户对视时，最好勇敢地迎接顾客的目光。通常认为，顾客双眼与嘴部之间的三角部位是导购员停留视线的最佳位置，这样可以向顾客传达出礼貌和友好的信息。

三、语言礼仪

言为心声，语为人境。语言不仅是传递信息的工具，同时也是体现服务水平的艺术。导购员的语言是否礼貌、准确、得体，直接影响到顾客对商品和服务的满意程度。

（1）接待用语的基本原则是讲话要有逻辑性，突出重点和不夸大其词。

1）追求讲话的顺序和逻辑性。思维混乱、语无伦次，将导致顾客不知所云，无所适从。

因此，导购员必须把握好说话的条理、层次和节奏，清晰、准确地向顾客表达自己的意思。

2）突出重点和要点。接待用语的重点在于推荐和说明，其他仅是铺垫。因此，在接待顾客时，必须抓住重点，突出主题，尽快引起顾客的注意和兴趣。

3）不夸大其词。不着边际的吹嘘夸大，可能暂时会推销出商品，但并非长久之计。顾客吃亏上当只能是一次，最终受损的仍然是企业和品牌。因此，诚实客观地介绍推荐，才是最佳法宝。

4）绝不能对顾客无理。对顾客在语言上失礼甚至使用讽刺、挖苦或侮辱性语言，不仅会赶跑一个顾客，对其他在场或不在场的顾客也会产生不易消除的恶劣影响，会使企业形象受到极大的伤害。因此，不论遇到什么情况，都必须避免冲撞顾客。

5）不使用粗俗语言和方言土语。在接待顾客过程中，营业员不能讲粗俗不堪的市井语言，即便是对同事讲话，也要讲求文明用语。另外，尽量不使用方言和土语。

6）不贬低同类产品，客观、实事求是地介绍各类产品，多帮顾客出主意。

（2）接待用语的使用是一门学问，需要长期地积累和总结。

1）不断向前推进。导购员在感觉到顾客对展示的商品感兴趣后可以不知不觉、巧妙地将话题由讨论商品的一般性能转移到这一商品可如何满足顾客的具体需求上来，换句话说，导购员要将顾客推进到购买过程的下一阶段。

> **职场技巧**
>
> 如果发现顾客对正在展示的款式不是很满意，导购员可以多展示一些款式并强调不同样式的优点。比如一位女孩打算买T恤衫，看了好几款后，对其中一件白底蓝花的T恤衫犹豫不决，女孩说："这款挺好看，只是这蓝色我穿着显得太嫩了。"
>
> "夏天就应该明快一些，淡淡的蓝色对你很适合。"
>
> "可这款颜色太浅了，不耐脏。"
>
> "夏天反正得经常洗，再深些的也一样。而且这种棉经过处理，洗起来很方便，也不皱。"

导购员需要不断寻找施加影响的方法，同时还需要顾及对顾客产生的效果，后者的重要性不比前者低。一个好的导购员自己讲话可以不多，但要善于引出顾客的话题并由此来激发其说出自己的意愿和顾虑。

2）避免命令式，多用请求式。命令式的语句是说话人单方面的意思，没有征求别人的意见，就强迫别人照着做；而请求式的语句，则是以尊重对方的态度，请求别人去做。

> **职场技巧**
>
> 请求式语句可分成三种说法：
> ● 肯定句："请您稍微等一等。"
> ● 疑问句："您稍微等一下好吗？"
> ● 否定疑问句："马上就好了，您不等一下吗？"

一般来说，疑问句比肯定句更能打动人心，尤其是否定疑问句，更能体现出营业员对顾客的尊重。

3）少用否定句，多用肯定句。肯定句与否定句的意义恰好相反，不能随便乱用，但如果运用得巧妙，肯定句可以代替否定句，而且效果更好。

例如，顾客问："这款有其他颜色吗？"导购员说："没有。"这就是否定句。顾客听了这话很有可能就会说："那就不买了。"于是转身离去。如果导购员换个方式回答，顾客可能就会有不同的反应，比如导购员说："真抱歉，这款目前只有黑色，不过冬季产品的颜色都以深色为主，与您的衣服也好搭配，您不妨先试一试。"这种肯定的回答就可能会使顾客对商品产生兴趣。

4）有些情况下应采用先贬后褒法更为妥当。

顾客说："太贵了，能打折吗？"

比较导购员以下两句回答的差别：

- "价格虽然稍高了点，但质量很好。"
- "质量虽然很好，但价格稍高了点。"

这两句话除了顺序颠倒以外，字数、措辞没有变化，却让人产生截然不同的感觉。先看第二句导购员的重点放在"价钱高"上，因此，顾客可能会产生两种感觉：其一，这商品尽管质量很好，但也不值那么多钱；其二，这位导购员可能小看我，觉得我买不起这么贵的东西。再分析第一句，他的重点放在"质量好"上，所以顾客就会觉得，正因为商品质量很好，所以才这么贵。

总结上面的两句话，就形成了下面的公式，如图1-9所示。

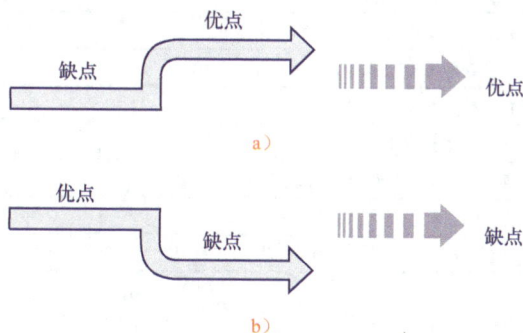

图1-9　先贬后褒法

因此，在向顾客推荐商品时，应该采用图a所示方式，即先讲商品的缺点然后再详细地介绍商品的优点，也就是先贬后褒。此法非常有效。

5）言辞生动，语气委婉。请看下面三个句子：

"这件衣服您穿上很好看！"

"这件衣服您穿上很阳光，充满活力！"

"这件衣服您穿上一点都不像工作五年了，就像大学生。"

第一句很平常，第二、三句比较生动、形象，顾客听了即便知道你是恭维他，心里也很高兴。除了语言生动以外，言辞委婉也很重要。对一些特殊的顾客，要把忌讳的话说得很中听，让顾客觉得你是尊重和理解他的。比如对较胖的顾客不说"胖"而说"丰满"；对皮肤较黑的顾客，不说"黑"而说"健康"；对买低档商品的顾客不要说"这个便宜"而要说"这个价钱比较实惠"。

> **温馨提示**
>
> 导购员的职业语言规范概括起来就是要求做到"五不"：低级庸俗的口头禅不讲；粗鲁侮辱的刺人话不说；讽刺挖苦的责备语不吐；矫揉造作的体态语不露；生硬唐突的操作术语不用。

效果评价

【情景模拟】洗衣粉货架前有两个不同品牌洗衣粉的导购员，导购员A不修边幅，举止随意；导购员B注重仪表和言行。先后有一位家庭主妇和一位白领女性顾客前来购买。

【实训要求】学生按四人一组轮流扮演以上情景中的四个角色。扮演导购员B角色时，应表现出导购员礼仪规范。根据实训结果完成表1-6。

表1-6 导购员礼仪要求实训效果评价表

考核项目	考核标准	得分
职业素养 （20分）	1. 按时出勤，课堂表现好（10分）	
	2. 仪容仪表标准（10分）	
关键能力 （55分）	1. 能按照正确的举止礼仪规范自己的举止（10分）	
	2. 能按照仪容礼仪要求打理自己的仪容（10分）	
	3. 能运用接待的语言艺术（15分）	
	4. 能够迅速处理情景模拟中遇到的问题（10分）	
	5. 具有良好的口头表达能力（10分）	
知识技能 （25分）	1. 能够说出举止礼仪的要求（5分）	
	2. 能够列举仪容礼仪的基本要求（10分）	
	3. 能够说出语言礼仪的原则（10分）	
合　计		

心得体会：

任务三　运用5S原则

任务引入

顾客购买的商品不称心，拿回专柜去换，导购员随口说了一句："是你自己选的。"

顾客问："不给换了啊？"导购员态度生硬地说："谁说不给换，哪规定不给换了？"顾客想让导购员帮忙选一件合适的，导购员却说："这么多样子，自己看吧！"最终顾客没有选到合适的，气愤地退货离去。

任 务分析

发生这样的案例，是因为导购员心情不好？还是退换货的规定不够明确？不论是哪种原因，归根结底是导购员没有把"让顾客享受购物的乐趣"放到第一位，或者说还没有树立这种意识。

实 训准备

教学设备准备：多媒体设备，不同类型的服装5件。
教学组织形式：全班学生分组，每组3人，以小组学习形式为主。
任务学时安排：共2学时，由教师讲授1学时，学生训练1学时。

知 识储备

在当今物质丰富的时代，同样的商品在其他商店中也能轻易买到，因此，顾客大多会考虑在愉快的心情下前往信赖的商店购物。所以，导购员若不能热情周到地服务，使顾客享受不到购物的乐趣，就无法获得顾客的信任与支持。

一、导购员的工作态度

态度决定一切，工作态度折射着人生态度，而人生态度决定一个人一生的成就。
（1）具有老板的心态：全情投入并且对自己的言行负责。
（2）努力提供优质的服务：在商品差异化越来越小的市场中，比拼的是服务。
（3）强烈的营销意识：提升销售业绩、赢得顾客。

二、5S原则的内容

所谓5S，即微笑（Smile）、迅速（Speed）、机敏（Smart）、诚实（Sincerity）、研究（Study）的开头字母，就是要迅速地依照流程，并以微笑、研究的态度，诚实、机敏地接待顾客，使顾客感觉"服务周到""愉快地购物"，同时导购员也可追求工作的快乐，最终达到企业获得利润的"三赢"局面。5S原则的内容与作用如图1-10所示。
（1）微笑（Smile）：真诚的微笑发自内心，给人一种体贴与温暖的感觉，更具亲和力，在销售过程中保持甜美的笑容是导购员必须具备的。以微笑来表现开朗、健康、体贴和感谢的心情。

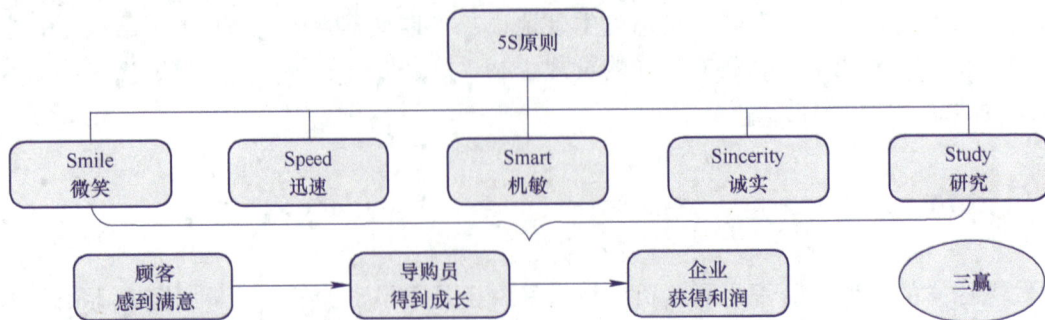

图1-10　5S原则的内容与作用

（2）迅速（Speed）：包括物理上的迅速，也包括行动上的迅速，迅速的动作是活力的体现。工作时尽量快些，不要让顾客久等。导购员诚意十足的动作与体贴的心态会引起顾客的满足感，使他们不觉得等待的时间长；特别是顾客多时，更应灵活对待。

（3）机敏（Smart）：要有积极的工作态度、机智灵活的接待方式和充分的准备及认识，对一些突发的事件或情况要能灵活妥善地解决，从而获得顾客的信赖。对进入卖场的顾客，不可紧随其后，应保持适当的距离；对系列化的商品应学会关联推荐；对犹豫不决的顾客，应运用专业的眼光和知识，帮助其做出决定。总之要做到机智、灵活、利落。

（4）诚实（Sincerity）：推荐商品时要诚实，不要夸大商品的功能或作用，或者随意承诺不可能做到的事，要设身处地地为顾客着想。

（5）研究（Study）：注意观察顾客动态，推测顾客的心理，把握好接待顾客的艺术，灵活运用商品的专业知识，以便更好地为顾客服务。

任务实施

运用5S原则包括两个部分，如图1-11所示。

一、如何实行5S

导购员要实行5S，就必须注意保持良好的身心状态，一是要保持良好的身体状况；二是要以愉快的心情面对顾客。心悦则觉物美，心悲则觉事衰。还要有职业的自觉，面对顾客时必须决心努力达到"我要以5S的原则来接待顾客，使他享受购物的乐趣"。

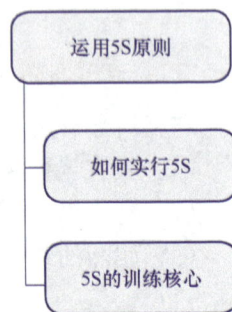

图1-11　5S原则的运用

二、5S的训练核心

（1）导购原则5S之Smile（微笑）：情绪不佳时，失去微笑怎么办？

1）导购员将注意力集中在工作上。

2）导购员将消费者当作亲朋好友。

3）导购员意识到微笑是最好的名片。

（2）导购原则5S之Speed（迅速）：消费者在导购员的推销之下，迅速产生了对企业

（品牌）的信任、对商品的认可。

（3）导购原则5S之Sincerity（诚实）：为什么说诚实很重要，因为要让消费者下决心购买，导购员必须与其建立信任，诚实是打开消费者信任之门的钥匙。

（4）导购原则5S之Smart（机敏）：导购员机智、灵活、利落，对不同消费者采用适合他们的各种营销策略。

（5）导购原则5S之Study（研究）：为什么说研究是基本功？因为各种消费行为都是围绕商品产生的，消费者有各种各样的购买动机与消费习惯，但希望了解商品的性能与品质的要求是相同的。所以，看一个导购员基本功是否扎实，要看其对商品知识了解多少。

效果评价

【情景模拟】一位顾客进入服装店看衣服，偶尔也会摸摸衣服或者翻看价格。导购员询问他时，他爱理不理，好像只是进来闲逛。店内有两名导购员，导购员A感觉顾客购买意愿不强就走开做自己的事，导购员B按照5S原则，继续接待顾客，直至顾客离开。

【实训要求】学生按三人一组轮流扮演以上情景中的三个角色。要求扮演导购员B时，表现出导购员服务的5S原则。根据实训结果完成表1-7。

表1-7　导购员运用5S原则实训效果评价表

考核项目	考核标准	得　分
职业素养 （20分）	1. 按时出勤，课堂表现好（10分）	
	2. 仪容仪表标准（10分）	
关键能力 （55分）	1. 能在实训中体现5S原则的工作态度（15分）	
	2. 能运用5S原则处理问题（20分）	
	3. 能够迅速处理情景模拟中遇到的问题（10分）	
	4. 具有良好的口头表达能力（10分）	
知识技能 （25分）	1. 能够说出如何实行5S（5分）	
	2. 能够说出5S原则的内容（10分）	
	3. 能够说出5S原则的重要性（10分）	
合　计		

心得体会：

项目总结

大多数人可能会认为导购员的工作很容易干，只要四肢健全，出力快就可以，其实这是错误的观念。实际上，导购是一门很深奥的学问，要成为优秀的导购员，必须经过专业训练与长期的经验积累和总结。

　　导购员岗位并不是人人都适合，优秀的导购员必须具备一定的素质与能力，不仅要具有良好的心理、营销、商品、知识，还要有强烈的营销和服务意识、熟练的营销技巧、热情友好的服务态度、刻苦勤奋的工作精神。

　　导购员是企业品牌的形象代表，仪容仪表关系到企业的整体服务质量，导购员得体的仪表和温馨的笑容会给每一位顾客留下良好的印象，在服务周到的同时也给顾客留下美的享受。另外，得体的服务姿势是导购员赢得顾客好感的重要环节，更是尊重顾客的重要表现。

　　导购员在销售过程中坚持5S原则，即微笑、迅速、机敏、诚实、研究，不但使顾客感到满意，而且导购员也得到了成长，同时使企业也获得了利润，实现5S原则的三赢局面。

教学建议

　　开展本项目教学时，建议教师在讲解过程中将图片与视频演示相结合，重点对举止礼仪做详细讲授和示范，设置情景与学生互动；建议教师授课为3学时，给予学生3学时的训练。在模拟情景训练过程中，教师须进行针对知识点的点评，可进行分组实训，开展小组竞赛活动，以激发学生的积极性。

　　建议学生在学习本项目时认真学习基本理论知识，并运用于实践，认真对待模拟训练，纠正日常生活中形成的不良习惯，并进行强化训练。

项目二

打破坚冰——如何接近顾客

项目简介

本项目以"接近顾客的步骤"为主线，主要介绍顾客购物心理的过程，对顾客进行分析，针对顾客类型训练接近顾客的方法，如图2-1所示。

| 洞悉顾客心理 | 识别顾客 | 待机而动 | 巧用赞美 |

图2-1　接近顾客的步骤

项目要求

掌握接近顾客的步骤；能准确识别顾客类型；抓住时机接近顾客，并能巧用赞美拉近与顾客的距离；对接近顾客的各环节进行强化训练。

能力点

➤ 能灵活运用顾客购买心理过程不同阶段的接待技巧。
➤ 能根据不同类型顾客的特征来识别顾客。
➤ 能准确判断接近顾客的时机。
➤ 能找准赞美点并进行恰当的赞美。

思政教育

我们常听到这样一些报道：一个经常赞扬子女的母亲是如何创造出一个美满快乐的家庭、一个经常赞扬学生的老师是如何使一个班集体团结友爱天天向上、一个经常赞扬下属的领导是如何把组织管理成和谐向上的集体。在本项目的"巧用赞美"任务中，重点培养学生的口头表达能力，教育学生学会用双眼去观察他人的优点、长处，学会发现生活中的美好事物。

任务一　洞悉顾客心理

任务引入

　　一家人一起逛街，看到橱窗里摆着一台新款的电视机，就开始讨论，这台电视机可以浏览三个画面，不过不知道能否连接计算机，于是就进入商场。导购员小王为他们做了详细的介绍，大家觉得很好，这时就产生购买的欲望了。再看看价格，他们觉得高了一点儿，小王针对顾客的这一心理耐心地作了解释：这是新产品，功能多，还附带立体声音响，虽然价格高了一点儿，还是很划算的。大家觉得合适，立即决定购买。

　　导购员在引导顾客的过程中，应洞悉顾客的心理变化过程，有针对性地引导顾客消费，不必急于达成交易。

任务分析

　　小王能说服顾客购买这台新款的电视机，是因为他在向顾客介绍商品的过程中能够准确把握顾客的心理变化，根据顾客不同的心理阶段，介绍相应的商品特点，最终说服顾客购买。

实训准备

　　教学设备准备：多媒体教室、3本不同样式的记事本、5个练习本、2支中性笔、2支圆珠笔。

　　教学组织形式：将全班学生进行分组，每组2人，以小组学习形式为主。

　　任务学时安排：共2学时，教师讲授1学时，学生训练1学时。

知识储备

一、了解顾客购买心理的重要性

　　导购员在实际的销售工作中，能否把握顾客心理至关重要，因为顾客的消费心理直接决定着购买意愿。只有充分地了解顾客购物时的心理转换过程，才能准确掌握顾客的需求，成功地售出商品。

二、顾客购买心理转变的八个阶段

顾客在决定购买之前，心理上必定会经过一连串的转变过程（见图2-2）。这种心理的转变过程是有顺序的，只不过有些顾客的过程快些，很容易下决定，也就是那些让人感觉很爽快的顾客；有些顾客的过程慢些，要考虑上好半天。作为导购员，就要熟知顾客的这种心理转变过程，知道顾客的心理此时处在何种阶段，然后做出正确的暗示，引导准顾客进行购买。

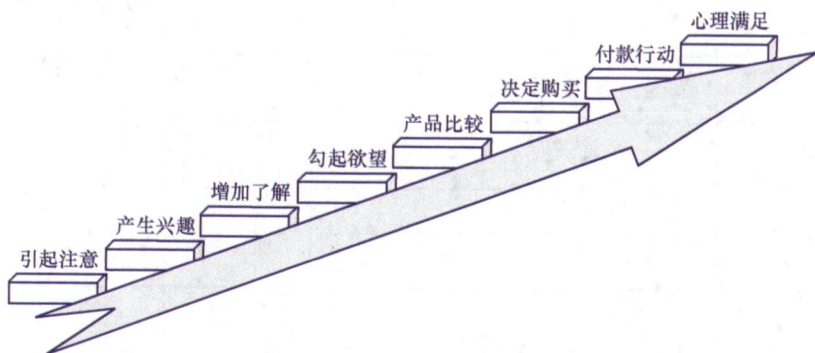

图2-2　顾客购买心理转变的八个阶段

任务实施

洞悉顾客心理的任务包括两部分内容，如图2-3所示。

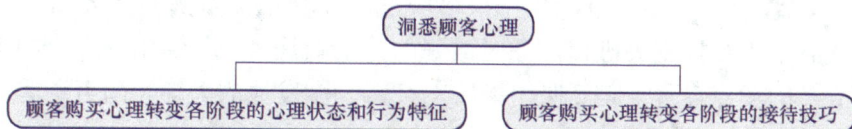

图2-3　洞悉顾客心理

一、顾客购买心理转变各阶段的心理状态和行为特征

顾客心理的变化很微妙，也是看不到的。导购员只能通过顾客在不同心理阶段表现出的行为特征来推断顾客的心理状态。顾客在不同购买阶段下的心理状态及行为特征，见表2-1。

表2-1　顾客购买心理转变各个阶段的心理状态和行为特征

顾客购买心理转变阶段	心 理 状 态	行 为 特 征
引起注意	顾客对现状不满足，寻求改变，但消费目标和对象可能不明确，存在较大的随机性，因而产生"需求"	当顾客走进店里，并且开始注意到店面所陈列的商品
产生兴趣	心态开放，愿意听导购员介绍产品	停下，注视、伸手触摸商品，询问简单的问题
增加了解	对商品产生亲近感、好感，开始不自觉地想象：假如我也拥有……	跟着导购员，表现出倾听的兴趣；愿意坐下来聊聊，了解相关资料；更多地对话
勾起欲望	对商品表现出喜欢，但是没有购买动力，即"心动但不行动"	语言上顾客开始询问商品有什么用处；对商品仔细地加以查看
产品比较	开始冷静评估有意向的商品	仔细对比其他同类产品；语言上作更详细、更综合的比较分析（比较的内容包括商品的品牌、款式、颜色、性能、用途、价格、质量等）；行动上可能与同伴低声私语或者从店中走出去，过一会儿（也可能是几天）又到店里来
决定购买	反复抉择，拿不定主意	顾客开始询问关于质保期等问题；向导购员以请教的语气询问
付款行动	下定决心购买	顾客决定购买商品并付诸行动，比如说："小姐，麻烦帮我拿一个新的"。
心理满足	因买到好商品而感到满足；导购员令人感到愉快的反应、态度和建议带给顾客的满足感	高兴地离开

二、顾客购买心理转变各阶段的接待技巧

　　顾客购买心理过程的八个阶段，包含了顾客在购买商品时所有的心理变化过程。由于顾客及其所选购的商品不同，因此，购买心理过程也会有所差别。比如，购买日用小商品时，购买心理就会简单一些，会跳过若干个阶段；而购买高档商品时，购买心理就会复杂一些，有的顾客甚至会一再重复某个心理阶段。但是，即使存在这些特殊的心理变化过程，也不会脱离或超越这八个阶段。因此，导购员只要了解掌握了这八个阶段的顾客心理及接待技巧，就有可能较好地完成销售任务。

　　（1）引起注意阶段：顾客进入店中大多会选择安静地浏览陈列的商品，要打破这种短暂的沉默状态，需要找到突破口。此时最好的方法就是"一句话销售"，即用一句话概括出每一种商品的卖点，用一句话吸引顾客的注意，激发他的兴趣。随着顾客目光所到之处，及时解说，如图2-4所示。

这是设计最特别的……

这是材质最好的……

图2-4　一句话销售

（2）产生兴趣阶段：在一句话销售的基础上，进一步用简洁的语言说出这款商品的几个卖点，用支撑性的观点加强一句话销售的力度和可信度，如图2-5所示。

这种材质防霉变、抗潮湿、不变形、防静电……

图2-5　说出商品的卖点

同时，此阶段最重要的是通过商品感知"激发兴趣"，可以邀请顾客一起参与到商品的演示过程，即"体验式销售"，请顾客摸一摸，近距离看一看，放在手上比画一下，充分体验商品的使用感觉。

> **温馨提示**
>
> 　　当顾客对商品充分感知，就有可能进一步产生购买欲望。顾客一般不会购买自己还不太了解的商品，大宗的耐用品使用操作一般都相对复杂，而如果只是听导购员解说，感知程度只有10%，触摸、演示、试用可以使商品感知度达到90%。

（3）增加了解阶段：尽可能使用销售道具帮助客户了解，帮助顾客联想"他们拥有这款商品时的动人情景"。

（4）勾起欲望阶段：导购员要抓住时机，通过细心观察，揣摩顾客的心理状态，进一步介绍其关心的问题，激发顾客的购买欲望。

（5）产品比较阶段：强调商品的品牌、品质，同时聪明地解释价格。

1）"提升价值型"价格解释法，即更专业地说明商品的选材、设计、做工都是最佳、最优、最好的，说明物有所值。

2）"降低预期型"价格解释法，即利用商品虽然单价高，但使用数量少的特点，使得计算出的总金额不太高，能在顾客经济承受范围之内，以降低顾客对于实际成交金额的心理预期。

> **职场技巧**
>
> 　　"降低预期型"价格解释法比较适用于订制加工型商品，比如橱柜、移门、壁柜等。"听起来800多元1平方米，但是您家里测量下来一般也只有2～3平方米，算起来也就2000元左右。"

3）"加深需求型"价格解释法，即承认商品价格确实贵，但是它能解决顾客非常重要的问题，满足非常迫切的需求。

比如，"这种窗帘的确要贵一些，不过如果您不采用这种具有防紫外线功能的窗帘，那您家里的实木地板和红木家具长期被照射，就有可能会褪色、开裂，那损失就大了啊。"

（6）决定购买阶段：强调商品的品牌、经销商品牌，强调专业人士的评价和推荐。比如，邀请参观展示厅、旗舰店、样板房，赠送专业杂志等。如果顾客此时还未决定购买，而是继续停留在产品比较的第五阶段，则销售的进度不是提速了，而是放缓了，难度是增加了而不是减少了，更多的时候是说明这个顾客是位复杂型理性消费者。不过，只要顾客还处在这个购买循环圈，通过销售人员的努力，成交的希望还是存在的。

此时，适当地运用"收场白技巧"也能收到意想不到的效果。

1）"暗示型收场白"，即做出一些只会对买单顾客进行的动作，潜移默化地影响准顾客。

"先帮您做两个方案吧，这样您多一些选择，一个不选也没有关系。"这句温和礼貌的话不知打动过多少顾客，促成了多少销售的成功。

2）"选择型收场白"，即含蓄地给出一些选择，使还没有决定是否要选择的顾客做出一种选择，即把是非题变成了一个有答案的选择题。"您先装一幅看看效果，还是一起安装？"

3）"最后通牒型收场白"，制造危机感，即不立刻决策就有可能失去已经挑选的中意的商品。

比如有位顾客在为木窗选材时，看上的是欧洲菩提木。"这种木材在欧洲已经禁止砍伐了，以后我们只能提供东南亚的木料了。目前仓库里还有少量的菩提木库存。"也有人故意制造"危机"，比如导购员明明知道某一款商品有库存，故意在顾客即将冷静考虑的时候煞有介事地打个电话给供应商"询问这款商品的库存"，然后兴高采烈地告诉顾客："还好，还有货！"

（7）付款行动阶段：此时顾客还会继续讨价还价，这只是做了重大决策后的一种心理压力的宣泄，顾客希望有人告诉他他的确是做了一个正确的决策，导购员甚至都不需要正面应对，只需要告诉顾客"您真的选对了东西，买得很值"之类安抚性的话语。重要的是，要对售后服务的保证做出诚恳的承诺，安慰顾客买单后的焦虑心情。

（8）心理满足阶段：导购员要自始至终保持诚恳、耐心的待客原则，直至将顾客送别为止。购物后的满足感一般有两种：顾客买到了称心的商品后所产生的满足感；对导购员贴心服务的认可所产生的满足感。

另外，商品使用过程中的满足感也至关重要。这种满足感需要一定的时间才能体现出来，通过自己使用或其他人对所购买商品的看法来重新评价所做出的购买决定是否明智。它影响顾客的重复购买率。洞悉顾客心理演示见视频2-1。

视频2-1 洞悉顾客心理

效果评价

【情景模拟】某文具店来了一位顾客，进店还不到两分钟就开始抱怨该店商品价格贵，一会说记事本样式不新颖，一会又说练习本纸质不好。无论导购员怎么解释，顾客就是不认可商品，但他也不离开。请问导购员应如何根据顾客的心理来打动这位顾客。

【实训要求】学生按两人一组分别扮演以上情景中的两个角色，要求每人轮流扮演导购员和顾客。要求扮演导购员角色时，表现出导购员对顾客心理变化阶段的分析及采取的不同的策略。根据实训结果完成表2-2。

表2-2 顾客购买心理分析实训效果评价表

考 核 项 目	考 核 标 准	得 分
职业素养 （20分）	1. 按时出勤，课堂表现好（10分）	
	2. 仪容仪表标准（10分）	
关键能力 （55分）	1. 说出顾客购买心理的八个阶段（10分）	
	2. 能区分顾客购买心理的各个阶段（10分）	
	3. 能运用顾客购买心理不同阶段的接待技巧（15分）	
	4. 能够迅速处理情景模拟中遇到的问题（10分）	
	5. 具有良好的口头表达能力（10分）	
知识技能 （25分）	1. 能够准确描述八个阶段的顾客购买心理状态（5分）	
	2. 能够列举各阶段顾客的行为特征（10分）	
	3. 能够说出不同阶段可以使用的销售方法（10分）	
合 计		

心得体会：

任务二 识别顾客

任务引入

一个顾客急匆匆地走进店里，问导购员："小姐，你们外面宣传的特价商品是哪一款啊？"导购员答道："是这一款。"然后开始介绍商品及特价活动。

顾客指着旁边的一款接着问："这两款商品价格相差这么多，有什么区别？"

导购员回答："这款是新款式，特价商品是较老的款式。"

顾客指着新款又问道："那肯定是新款的好了，这种有没有特价的？"

导购员开始不耐烦地回答："价格便宜的都没有新款……"

最后顾客拿不定主意，失望地走了。

任务分析

在上面的例子中，没有成交，主要是因为导购员没有掌握好购买特价商品顾客的心理。他们既想价格便宜，又想要款式不过时的商品。导购员只需证明虽然是特价商品，但款式并不过时，只是风格不同，并且性价比较高即可，以此为重点向顾客介绍，很有可能获得成交。

实训准备

教学设备准备：多媒体教室、3种不同品牌的洗发水。

教学组织形式：全班学生进行分组，每组4人，以小组学习形式为主。

任务学时安排：共3学时，教师讲授1学时，学生训练2学时。

知识储备

一、了解消费者购买行为

消费者购买行为是指消费者为满足其需要而发生的购买商品的个人行为。消费者购买行为比较复杂，其购买行为的产生受其内在因素和外在因素的综合影响。企业通过对消费者购买行为的研究来掌握其规律，从而制订有效的市场营销策略，实现企业营销目标。

二、分析消费者购买行为的重要性

导购员要正确把握顾客的心理，但心理活动是难以准确分辨的，因此导购员还应认真观察顾客的行为，根据顾客已经表现出来的行为特征来分析和判断顾客大致类型，从而有针对性地进行应对。

任务实施

识别顾客是要对顾客从不同的标准进行分类并分析，如图2-6所示。

```
                        ┌──────────┐
                        │  识别顾客  │
                        └──────────┘
          ┌──────────────┼──────────────┬──────────────┐
  ┌─────────────┐ ┌─────────────┐ ┌─────────────┐ ┌─────────────┐
  │顾客的类型——按性别分│ │顾客的类型——按年龄段分│ │顾客的类型——按目的分│ │顾客的类型——按性格分│
  └─────────────┘ └─────────────┘ └─────────────┘ └─────────────┘
```

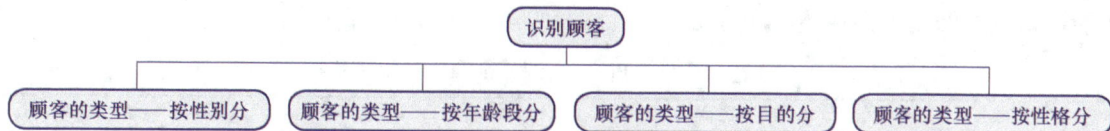

图2-6　顾客的识别与分类

一、顾客的类型——按性别分

男性顾客和女性顾客在性格、喜好、消费心理等方面存在较大差异。男女有别的角色要求导购员把握不同性别顾客的消费心理，提供顾客满意的服务。不同性别顾客呈现的特征和导购员应对的重点是不一样的，见表2-3。

表2-3　不同性别顾客的特征及应对重点

顾客类型	特　征	应　对　重　点
男性顾客	理智，自信；重视质量和品牌，希望迅速成交	强调品质，为顾客节约时间
女性顾客	主观，冲动，易于接受建议；细致；重视外观款式、价格与售后服务	给予建议，强调性价比及售后服务

二、顾客的类型——按年龄段分

导购员对顾客年龄的判断是最容易的。不同年龄段的顾客特征差异较大，应对重点也不同，见表2-4。

表2-4　不同年龄段顾客的特征及应对重点

顾客类型	特　征	应　对　重　点
青少年顾客	时尚、冲动、自主，购买能力弱	关注、尊重其想法，满足其心理需求
中年顾客	理智，重视质量，品牌和价值，购买能力强	语言尊重得体，关注内心需求
老年顾客	安全、保守、方便、反应敏感	耐心、语速慢、诚恳、谦虚

三、顾客的类型——按目的分

在卖场内导购员会碰到各种不同目的的顾客，只有掌握不同目的顾客的特征及应对重点（见表2-5），才能使导购工作事半功倍。

表2-5　不同目的顾客的特征及应对重点

顾客类型	特　征	应　对　重　点
纯粹闲逛型	没有目的	有其他顾客时可以忽略
间谍型	打探商品行情，钻研技术问题	不可恶意攻击，让其自讨没趣
潜在购买型	了解和对比各品牌产品	热情接待与详细说明
当前购买型	有明确购买目的，持币待购	尽最大努力促成购买

四、顾客的类型——按性格分

商场亦如战场，在这个没有硝烟的战场里，唯有深知不同性格顾客的特征（见表2-6），才能够真正地做到见招拆招，顺利成交。

表2-6　不同性格顾客的特征及应对重点

顾客类型	特征	应对重点
稳重型	不急于马上购买	热心介绍，不催促、不强制
急躁型	性情急躁	动作敏捷不要让顾客等候
沉默型	不声明喜好与疑问，不发表任何意见	观察表情、动作，主动提出询问
饶舌型	爱说话，偏离主题	不打断，耐心，把握机会回到正题
博识型	表现丰富知识，提出各种评价	表示赞同，迎合喜好并推荐相应商品
嘲弄型	话语中多讽刺	以平和的情绪接待应对，保持良好心态
猜疑型	疑心重，不信任导购，不相信说明	询问时把握疑点，说明理由与根据
优柔寡断型	犹豫不决，无法下定购买决心，缺乏主见	让顾客多对比各商品，选准能影响他的人

下面以厨房家电营销情景为例，看看对不同性格顾客应如何接待。

✾ 稳重型顾客的接待

导购员："您好，欢迎光临。有什么可以帮到您呢？"

顾　客："我随便看下。"（一般比较稳重的顾客不会只看某一类型的商品，可能是吸油烟机、燃气灶和消毒柜都看）

导购员："您现在看的这款是我们今年的新款吸油烟机A11，您觉得怎么样？"（观察顾客注意的是哪一款商品，适时介绍并询问，争取了解顾客的真实需求）

顾　客："嗯，外观还不错。"

导购员："是啊，我们这款吸油烟机很多顾客都很喜欢，而且不光外形好看，性能也是一流的，因此选择这款的顾客也特别多！"

顾　客："哦。"（又看燃气灶去了，如果顾客并没有一直关注吸油烟机，那导购员就不必接着介绍）

　　　　……

顾　客："那我下次再来看。"

导购员："您慢走，期待您下次光临！"

✾ 急躁型顾客的接待

导购员："这一款燃气灶是不锈钢面板，它结实耐用，而且经过油墨拉丝处理，非常容易清洁……"

顾　客："我就是要买不锈钢的，你别介绍了，我想知道你们的灶和别人的到底有什么不一样。"

导购员："好，我们××的燃气灶使用的是专利热电耦式熄火保护，性能稳定，炉架采用加重加厚铸铁，不像其他品牌用的搪瓷又轻又薄，而且……"

顾　客："嗯，那就这个吧，售后服务不会有问题吧？"

导购员："您尽可以放心，我们××是中国驰名商标，售后服务非常完善和周到！"

顾　客："你不用给我说什么中国驰名商标，好用才是最主要的。"

导购员："绝对好用。这款灶我们卖得特别火，顾客反映都非常好！"

顾　客："那赠品什么的……"

导购员："这些是我们的赠品，你可以二选一，看您需要什么了。您放心，赠品也是我们做的，质量绝对保证！"

（对急躁型顾客一定不要泛泛而谈，要有针对性，切中他最想知道的，见视频2-2。）

✸ 沉默型顾客的接待

导购员："您好，欢迎光临××！请问您是看单品还是套餐？"

顾　客："……"（只是盯着吸油烟机区看）

导购员："这是我们今年的新品吸油烟机。请问您是看中式还是欧式呢？"

顾　客："先看看。"

导购员："您是新房装修吗？"

顾　客："……"（点头）

导购员："哪个小区啊？是××花园吗？"（随便说一个附近有名的小区）

顾　客："××花园。"（摇头）

导购员："那房子很贵哦，地段又好，房型也漂亮！"

顾　客："也不是很贵啦！其实我本来想在××买的，但是后来觉得那里超市少。××就不一样……"

视频2-2　急躁型顾客的接待

（接待沉默型顾客时，只要你找准话题，打开他的话匣子，就好打交道了。比如这位刚买了房的顾客肯定对他的新房很满意。但是注意要把话题带回到产品来）

导购员："那里的户型很欧式化的，我觉得欧式的很适合您的厨房。您厨房大概多大面积？"

顾　客："大概15个平方米。"

导购员："那这两款A12、A16比较适合，它的排风量是每分钟15.5立方米……"

✸ 饶舌型顾客的接待

导购员："您好，欢迎光临××。"

顾　客："××？……好像没怎么听说过……不过不太有名嘛！"

导购员："我们××是中国驰名商标，最近还在××电视台《××》等栏目做广告呢！"

顾　客："中国驰名商标代表不了什么。不过广告打得太多也不好，你看×××产品不都是打广告死的吗？"

导购员："您看得还真透！我们××要做百年品牌，注重的是品牌形象和产品质量。您看我们产品，看这火盖……这分火器……这炉架……这才是专业品质！"

✸ 博识型顾客的接待

导购员："您看我们的烟机，200瓦大功率，每分钟16立方米大排风量……"

顾　客："现在的烟机不都是200瓦了吗？排风量这个东西都说大，实际上还不一定真的能达到呢。"

导购员："您说得真是太对了。现在确实有一些同行在产品参数上虚标，比如说功率240瓦，排风量每分钟20立方米……但是您来到××就不用担心，我们是中国驰名商标，要树百年品牌，绝对不会做出不诚信的事情。您再看这表面工艺，拉丝不锈钢印油处理，不留手印，好洗……"

顾　客："不就是在表面上涂了层油墨嘛！也没什么特别的！当然了，还是比普通的不锈钢好，好清洗倒是真的。"

导购员："您可真比我们还要专业呀！经过印油处理后的不锈钢，表面细腻不黏油，您和家人都不用那么累地做清洁了。而且它的集烟腔特别深，拢烟效果好，特别设计了三维离子风幕，阻止油烟不逃逸，绝对不会污染您厨房其他地方。"

顾　客："集烟腔深、三维离子风幕，恩，不错。我刚刚去看了其他品牌，它们的集烟腔挺大的。"

导购员："您看产品可真会看。集烟腔大并不代表集烟效果好啊，它们做得太平了。而我们××……"

顾　客："不用说了，开单吧！"

（博识型的顾客其实比较容易接待，只要不故意去反驳顾客，而是顺着他的观点突出商品的卖点就可以了）

❀ 嘲弄型顾客的接待

导购员："我们××是中国驰名商标、质量万里行单位……"

顾　客："什么中国驰名商标、质量万里行单位啊？还不是拿钱就能买。"

导购员："您这看法就有一点片面了。中国驰名商标、质量万里行单位还是比较权威的，不是说拿钱就能买到，而是要经过相当严格的评审才能获得的。您看一下我们产品的外观、工艺就知道，是货真价实的，您看看这款套餐，很不错的，最近卖得非常好！"

顾　客："买的人多就证明很好吗？只能说是大家都喜欢捡便宜！我看看……"
　　　　（语言犀利，专门挑刺是这类顾客的显著特点）

导购员："不能说是捡便宜，只能说明我们××的产品性价比高！您看这款燃气灶具……"

❀ 猜疑型顾客的接待

导购员："您看，这××油杯，这是我们××的专利，特别耐用，设计非常人性化。"

顾　客："专利？怎么看不到有标专利号呢？"

导购员："我们做专业厨电，有必要骗您吗？您看其他品牌，没一个吸油烟机用的油杯像我们这样的，为什么呀？他们想用用不了啊！我们不需要特意把专利号印出来，因为这是众所周知的。"

顾　客："你们吸油烟机是不错，但是我要买两件套……"

导购员：　"您放心，我们灶具也一样好，质量有保险公司承保……"

顾　客：　"有保险公司承保有什么用？"

导购员：　"您仔细想想！有哪家保险公司愿意冒风险为质量不稳定的企业做担保呢？所有产品均经过非常严格的检验，符合国家标准，这是对我们产品质量的肯定，也要不定期抽查。"

顾　客：　"我还是听说××的吸油烟机好。我还是买你们的灶，买他们的吸油烟机算了。"

导购员：　"那是有人见灶具竞争不过我们才故意这样误导消费者的。您看吸油烟机其实技术含量并不算高，灶具关系到千家万户的安全，科技含量高得多。我们灶具都做得那么好，吸油烟机还不是小儿科？"

❀ 优柔寡断型顾客的接待

顾　客：　"你说得是不错，但是总觉得你们这款吸油烟机不如别人的好看。"

导购员：　"你觉得那种好看是吗？那你也一定看过集烟腔，他们的是不是比这款浅多了？有没有三维离子风幕？"

顾　客：　"是要浅一些……"

导购员：　"那就对了，我们之所以做得深是为消费者着想，这样集烟效果好，而且设有三维离子风幕，阻止油烟逃逸污染厨房。虽然做浅了可能好看些，但是不实用啊。"

顾　客：　"也没错，可是似乎这个吸油烟机没那么光亮。"

导购员：　"光亮是工艺的不同，那是喷粉的，看着亮一些，其实成本很低，容易掉。现在亚光处理是主流。您买个吸油烟机回去就是排油烟的，又不是买回去挂着看的。您说呢？"

顾　客：　"也对，只是不知道……怎么说呢，嗯……"

导购员：　"您家里是您太太做饭吧？油烟的烦恼应该您太太最清楚。您就不担心油烟会危害您太太的健康？选吸油烟机就是要买性能好的！"

（选准他太太作为销售的突破口，优柔寡断的顾客就是需要别人对他判断的肯定，特别是对他影响大的人）

效果评价

【情景模拟】某洗发水专柜有一位顾客，当导购员跟顾客谈到产品时，感觉到顾客非常排斥，他只是随便敷衍，有时对导购员也不理不睬；紧跟着又走来两位顾客，一位顾客感觉很喜欢其中的一款洗发水，但是随行的人却说"这么着急干什么，我们再去其他地方看看吧"。请问导购员应如何判断这几位顾客属于哪种类型，又该如何接待这些顾客？

【实训要求】学生按四人一组轮流扮演以上情景中的角色。要求扮演导购员角色时，表现出导购员对顾客类型的判断及采取的不同策略。根据实训结果完成表2-7。

表2-7 识别顾客实训效果评价表

考 核 项 目	考 核 标 准	得　分
职业素养 （20分）	1. 按时出勤，课堂表现好（10分）	
	2. 仪容仪表标准（10分）	
关键能力 （55分）	1. 对顾客准确分类（10分）	
	2. 能分辨不同类型顾客的特征（10分）	
	3. 能对不同类型顾客的应对重点进行灵活运用（10分）	
	4. 能够迅速处理情景模拟中遇到的问题（10分）	
	5. 具有良好的口头表达能力（5分）	
	6. 具备良好的团队合作精神（5分）	
	7. 具备一定的组织协调能力（5分）	
知识技能 （25分）	1. 能够准确说出各种顾客的分类（5分）	
	2. 能够说出各种类别顾客的特征（10分）	
	3. 能够说出不同类别顾客的应对重点（10分）	
合　计		

心得体会：

任务三　待 机 而 动

任务引入

　　两名顾客走进店铺，一边摸着衣服一边评论着，店铺只有一名导购员，该员工在忙着将销售小票登记到记录本上，丝毫没有察觉顾客的到来。顾客看了一会就走了。

任务分析

　　在客流非高峰期时间段，导购员通常会完成一些日常事务性工作，但同时要保持随时待命的状态，否则就算有顾客进店，也可能会在导购员的漠视下被"赶走"。

实训准备

　　教学设备准备：多媒体教室、5件服装。

教学组织形式：全班学生进行分组，每组2人，以小组学习形式为主。

任务学时安排：共2学时，教师讲授1学时，学生训练1学时。

知 识储备

一、待机的概念

所谓待机就是商店已经营业，顾客还没上门或暂时没有顾客光临之前，导购员边做销售准备边等待接触顾客的机会。

二、待机的对象

顾客在卖场需要的是安全感，所以优秀的导购员应懂得销售过程中所体现的人际关系安全准则，使顾客感觉到安全又受关怀，促成顾客购买。导购员必须学会分辨顾客，了解进店临柜的顾客行为及目的（见表2-8）。临柜的顾客按购买意图分为两种，一般可以通过观察分辨出来。

表2-8 进店临柜的顾客行为及目的

目的型顾客		闲逛型顾客	
行　为	目　的	行　为	目　的
直奔主题，开门见山索取自己喜欢的商品	有购买的目的，但具体的品牌、类型等要素，不是十分明确	四处观看，遇上感兴趣的商品也会购买	闲逛为目的，消磨时间，漫步卖场欣赏各种商品

目的型顾客（包括老客户）对导购员积极热情的接待会感到满意，即使热情推荐商品，他们也不会马上离开。因此，在接待目的型顾客时，导购员是不需要待机的。

需要待机的主要是闲逛型顾客。这些顾客大多避开难进的店而选择易进的店，他们对任何微小的刺激反应都很敏感，稍不注意就会跑掉。闲逛型的顾客进店后，导购员在说完欢迎词之后不宜立刻上前接待，盲目介绍，而应该保持待机状态。一边开展手头工作，尽可能吸引顾客注意，给顾客时间来浏览和欣赏商品，一边用余光留意顾客举动，一旦有机会出现，就开门见山地进入介绍环节。

任 务实施

待机而动的任务包括三部分内容，如图2-7所示。

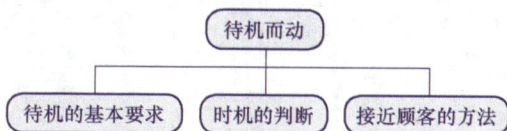

图2-7 待机而动的主要内容

一、待机的基本要求

（1）待客时选择合适的站立位置：在决定位置时，应考虑场所的情形，并注意选定的场所要正对顾客的视线，并在易于接近顾客的位置。

■ **小知识**

导购员的站立位置：

（1）靠近入口一侧。

（2）靠近顾客的左手一侧可以进退的位置。

（3）离开顾客0.3米远。

（4）比顾客朝前站出半个鞋底长。

（5）与商品成45°斜位，要在能看见顾客视线的位置。

（2）坚守固定的位置：为维持卖场上的秩序及提高导购员团队合作的效果，应要求导购员坚守岗位，预防有混乱的情形发生。

（3）以正确的姿势待客：将双手自然下垂轻松交叉于胸前，或双手重叠轻放在柜台上，两脚微分平踩于地，身体挺直、向前微倾，站立的姿势不但要使自己不容易感觉疲劳，而且还必须使顾客看起来顺眼。另外，在保持微笑的同时还要以自然的表情观察顾客的一举一动，等待与顾客做初步接触的良机。

（4）空闲时要进行商品的整理，并做好待客准备：把顾客挑选之后的商品重新摆放整齐；查看当天的销售情况并记录；随时补充不足的商品；及时更换破损和不足的POP（Point of Purchase，意为"卖点广告"，用于刺激引导消费和活跃卖场气氛。形式主要有招牌、展板、海报、手册、吊旗及卡通模型等）及宣传品；检查货架与商品的卫生。

（5）要能引起顾客的注意：顾客购买心理过程的第一阶段就要注意这个问题，因此有积极性的导购员，应在卖场上经常以动作去吸引顾客，诸如商品的变动、展示的变化等，以引起顾客的注意。

▽ **温馨提示**

不正确的待机行为：

（1）躲起来偷看杂志、剪指甲、化妆、吃零食等。

（2）几个人聚在一起窃窃私语，或是大声说话。

（3）胳膊靠在商品、货架上，或手插在口袋里。

（4）背靠着墙或依靠着货架，无精打采、发呆、打哈欠。

（5）远离工作岗位到别处闲逛。

（6）目不转睛、不怀好意地盯着顾客的行动或打量顾客的衣着、容貌。

（7）专注于整理商品，无暇顾及顾客。

二、时机的判断

当看到顾客有以下行为时，导购员应主动上前接近顾客：

（1）当顾客注视特定的商品时。

（2）当顾客用手触摸商品时。

（3）当顾客表现出寻找商品的状态时（此时尽早招呼，绝不怠慢）。

（4）当与顾客视线相遇时（一旦视线接触，一定要把握机会）。

（5）当顾客与同伴交谈时。

（6）当顾客将手提袋放下时（这是注意到某商品而发生的典型动作之一）。

（7）当顾客匆匆入店，四处寻找时（导购员反应要迅速）。

（8）当顾客出神观察商品、仔细打量或在寻找导购员时（非常自然地走上去，用赞赏的口吻进行沟通）。

三、接近顾客的方法

（1）商品接近法：当顾客正在凝视商品时，这是销售中接近顾客最有利的时机。通过向顾客介绍商品，可以把顾客的注意力和兴趣与商品联系起来。

> **〈职场技巧〉**
>
> 　　导购员用手指向商品和顾客搭话："您好，您正在看的是我们公司推出的最新产品××××。若您感兴趣的话，我可以详细地为您介绍一下。"
>
> 　　当商品的某种特性与顾客的需求相吻合时，用这种介绍方法接近顾客十分有效。

（2）询问接近法：当顾客没有在看商品，或者不知道顾客的需求时，最有效的方法就是用询问接近法，向顾客提供服务。

> **〈职场技巧〉**
>
> 　　一般情况下，可以直截了当地向顾客询问。例如，"您好，您想看看什么商品？"
>
> 　　有一种情况，就是顾客在浏览商品时不愿意被别人打扰，可能会说："我什么都不买，只是随便看看。"遇到这种情况，导购员应以真诚的口吻说："没关系，您可以慢慢看，如有什么需要帮助，请随时叫我。"然后要注意的是不要紧跟着顾客，也不要紧盯着顾客的一举一动，用视线的余光照顾到顾客就行了。
>
> 　　如果遇到脾气较急躁、爱挑毛病类型的顾客时，最好随他自由选择，待对方发问时再上前介绍。

效果评价

【情景模拟】某服装店走进一位顾客，导购员看到顾客连忙尾随顾客走动，但是没说话，直至顾客离开。请问导购员的应对方法是否正确？应该如何与顾客沟通？

【实训要求】学生按两人一组轮流扮演以上情景中的角色。要求扮演导购员角色时，要表现出导购员在没有顾客时的行为规范及顾客到来时接近顾客的方法。根据实训结果完成表2-9。

表2-9　待机而动实训效果评价表

考核项目	考核标准	得　分
职业素养（20分）	1. 按时出勤，课堂表现好（10分）	
	2. 仪容仪表标准（10分）	
关键能力（55分）	1. 在待机时间能自觉遵守待机的原则（10分）	
	2. 能准确分析待机的对象（10分）	
	3. 能够准确把握接近顾客的最佳时机（10分）	
	4. 能够迅速处理情景模拟中遇到的问题（10分）	
	5. 具有良好的口头表达能力（5分）	
	6. 具备较强的观察力（5分）	
	7. 具备一定的组织协调能力（5分）	
知识技能（25分）	1. 能够归纳出待机的原则（5分）	
	2. 能够列举五个以上接近顾客的时机（5分）	
	3. 能够列举待机对象的特征（5分）	
	4. 能够说出接近顾客的方法（10分）	
合　计		

心得体会：

任务四　巧 用 赞 美

任务引入

　　有一次，一位顾客在一款地砖前停留了很久。导购员走过去对顾客说："您的眼光真好，这款地砖是我们公司的主打产品，也是上个月的销售冠军。"

　　顾客问道："多少钱一块啊？"

　　导购员说："这款瓷砖，优惠后的价格是150元一块。"

　　顾客说："有点贵，还能便宜吗？"

　　导购员说："您家在哪个小区？"

　　顾客说："在××花园。"

　　导购员说："××花园应该是市里很不错的楼盘了，听说小区的绿化非常漂亮，而且室型格局都非常不错，交通也很方便。买这么好的地方，我看就不用在乎这点钱了吧。不过我们近期正在对××花园和××苑做一个促销活动，这次还能再给您一个团购价的优惠。"

　　顾客高兴地说："可是我现在还没有拿到钥匙，没有具体的面积怎么办呢？"

　　导购员说："您要是现在就提货还优惠不成呢，我们按规定要达到20户以上才能享受优惠，今天加上您这一单才16户，还差4户。不过，您可以先交定金，我给您注明团购，等您收房以后，我们再去实地测量，确定具体面积和数量。"

　　于是，顾客提前交了定金。两周之后，这个订单就成交了。

任务分析

　　上面的情景虽然很简短，但是其中不乏许多闪光的地方值得我们思考。最重要的是情景中的这位导购员善于赞美顾客。每个人都有被承认和被赞美的心理需要。导购员便可以利用这一特点承认顾客、赞美顾客、接近顾客。

实训准备

　　教学设备准备：多媒体教室、眉笔1支、粉饼1个、眼影1盒、洗面奶1支、面霜1瓶。
　　教学组织形式：全班学生进行分组，每组2人，以小组学习形式为主。
　　任务学时安排：共2学时，教师讲授1学时，学生训练1学时。

知识储备

一、赞美的概念

　　赞美，即为称赞，是用语言表达对人或事物优点和长处的喜爱之意。赞美不仅能使人的自尊心、荣誉感得到满足，更能让人感到愉悦和鼓舞，从而会对赞美者产生亲切感，相互间的交际氛围也会大大改善。因此，喜欢听赞美就似乎成了人的一种天性，是一种正常的心理需要。赞美是一种说话的艺术，正确运用这门艺术，会使被赞美者心情愉快，而作为赞美者自己也会从中感到快乐甚至感到幸福。

二、赞美与奉承的区别

　　赞美与奉承有本质的区别。赞美是真诚、热忱的，是出于真实的感觉，绝不能掺杂任何不良的用心；同时，赞美是对别人的优点和长处充分肯定，是为满足别人对于尊重和友爱的需要，给别人以精神上的激励和鼓舞。而奉承他人则是牺牲自己的尊严去恭维人，是出于某种不可告人的企图，趋炎附势，巴结讨好权威。

　　第一个区别在于是否发自内心。真诚的赞美起源于内心深处的一种"美感"，一种冲动。它反映了一个人对另一个人的认可。但是奉承却不同，它不是发自内心世界的对另一个人的认可和钦佩，而是基于内心世界早已存在的一种目的，一种对眼前或日后能够收到"回报"的投入。

　　第二个区别在于真诚的赞美是实事求是、有理有据的赞，而奉承则是凭空捏造、无凭无据的捧。一个真诚的人，在赞美别人的时候，非常有针对性和分寸。他们知道哪些应该讴歌，哪些应该提醒注意，哪些应该反对。

任务实施

本任务包括三个方面的内容，如图2-8所示。

图2-8　巧用赞美应掌握的技巧

一、寻找赞美点

（1）寻找顾客的一个可以来赞美的点。赞美顾客是需要理由的，这个点一定是导购员能够赞美的点，要有一个充分的理由来赞美你的顾客。这样的赞美顾客才更加容易接受，这样的赞美顾客才能从内心深处感受到你的真诚，即使这是一个善意的谎言，顾客也是非常地喜欢。

（2）顾客自身所具备的一个优点。导购员要发掘顾客身上所具备的优点和长处，优点和长处正是导购员大加赞美的地方。

> **职场技巧**
>
> 　　顾客的优点可以从多个方面来寻找，比如可以从顾客的事业、长相、举止、语言、家庭等多个方面来进行赞美，当然这个赞美只能是顾客的优点，只有赞美优点才能够让顾客感受到你是在赞美他，如果你不加判断地赞美了顾客的一个缺点，那么你的赞美只能适得其反。

（3）这个赞美的点对于顾客是一个事实。顾客的优点要是一个不争的事实，对于事实的赞美和陈述是导购员对事物的基本判断，会让顾客感觉到你的赞美没有任何过度的地方，这样的赞美顾客会更容易心安理得地接受。

二、赞美的方法

（1）用自己的语言赞美。对顾客的赞美要通过我们组织自己的语言，非常自然地表达出来，如果用非常华丽的辞藻来说明一个生活中和工作中经常遇到的事情，那么就会认为太过于做作或夸大其词，顾客对你的信任就会打一些折扣。所以用自然的方式来表达赞美将是一种非常好的表达方式。

（2）具体的赞美。导购员赞美别人一定要从具体的事情、问题、细节等方面赞美，比如可以从赞美顾客高明的见解等着手，这样有时反而更加能让顾客感觉赞美很真实、真诚。

（3）由衷地赞美。赞美必须真诚且发自内心，并且有事实的根据才能感动人，否则很容易流于肤浅，变成阿谀谄媚，效果适得其反。由衷地赞美，就是对自己有信心的表现。

三、让赞美恰到好处

（1）选择恰当的时机。导购员对顾客的赞美要在适当的时机说出来，才会显得赞美是非常自然的，让顾客在心里感觉非常舒服。

赞美是沟通的润滑剂，在和陌生的顾客刚见面而不知说什么好时，可以礼节性地赞美一下，那是最好的开场白，它让你和顾客接下来的沟通更流畅。在销售的过程当中，当顾客试用商品时，导购员可以把顾客身上的优点和商品结合起来赞美，能更好激发顾客的购买欲望。在销售结束，顾客要走的时候，导购员对顾客赞美有加，那位顾客也许因此而成为忠实顾客。

（2）赞美要有新意。如果赞美客人都是见了女性就是"漂亮"，见了男性就是"好帅啊"，几乎总是一成不变。这样的赞美怎么能打动顾客呢？赞美应尽可能有新意。陈词滥调的赞美，会让顾客感觉索然无味；而新颖独特的赞美，则会令顾客回味无穷。

效果评价

【情景模拟】某化妆品专柜有一位白领女性顾客，导购员赞美了顾客，但是这位顾客听后显得非常不悦，觉得导购员在拍马屁。请问导购员该如何赞美顾客？

【实训要求】学生按两人一组轮流扮演以上情景中的角色。扮演导购员角色时，导购员要表达出对顾客正确的赞美方式。根据实训结果完成表2-10。

表2-10　赞美实训效果评价表

考 核 项 目	考 核 标 准	得　分
职业素养 （20分）	1. 按时出勤，课堂表现好（10分）	
	2. 仪容仪表标准（10分）	
关键能力 （60分）	1. 能够找准顾客的赞美点（10分）	
	2. 能用自己的语言描述赞美（20分）	
	3. 能由衷地表现出对顾客的赞美（10分）	
	4. 能够根据模拟情景对顾客说出恰当的赞美（20分）	
知识技能 （20分）	1. 能够归纳赞美与奉承的区别（10分）	
	2. 能够列举赞美的方法（5分）	
	3. 能够说出15个以上的赞美词（5分）	
合　计		

心得体会：

项目总结

接近顾客是店铺销售的一个重要步骤，也是一个很有技巧的工作。这方面工作做得好，不但拉近了与顾客的心理距离而且还可以尽快地促成交易；反之，还未开口便吓跑了消费者。

经常可以见到有些导购员对顾客虽殷勤有加，但交易却总以失败告终。这些导购员失败的原因主要是由于不懂得顾客在商店里的购买过程实际上是一系列心理活动过程，绝非简单的"看货、掏钱、拿货"。因此导购员必须要掌握一套科学的销售方法，这套方法包括了解顾客的购买心理过程，学会在顾客心理过程的不同阶段提供相应的指导和服务。掌握不了这一套科学的销售方法，接待工作就只能停留在售货员的水平上，永远也不可能成为优秀的导购员。

导购员每天要接待各种各样的顾客，能否使他们高兴而来，满意而归，关键在于把握不同顾客的特征，采用灵活多样的接待技巧，通过良好的服务来吸引顾客。

门店销售活动开始的时间，很多导购员认为是"从顾客进店门开始的"，这种认识是错误的。因为顾客是否进入门店，在很大程度上取决于导购员的待机行为，顾客可能会被导购员正确的待机行为吸引进门店，增加客流量，从而增加销售的可能性。也可能会由于导购员错误的待机行为而擦肩而过。

在接近顾客时，免不了要用到赞美。赞美是一种艺术，赞美不仅要把握"过"和"不及"的尺寸，而且还要注意赞美对象的正确与否，不同的顾客需要不同的赞美方式。对于在终端销售的导购员来说，适当地赞美顾客是非常必要的，但是一定要把握好赞美的度，且不能滥用赞美，否则不但达不到赞美的效果，还会适得其反。

教学建议

开展本项目教学时，建议教师在讲解过程中将图片与视频演示相结合，重点对顾客分析进行案例分析，设置情景要求学生参与体验心理活动过程；建议教师授课为4学时，给予学生不少于5课时的训练。在模拟情景训练过程中，教师须进行针对知识点的点评，可进行分组实训，开展小组竞赛活动，以激发学生的积极性。

建议学生在学习本项目时注意将基本理论知识运用于实践，认真对待模拟训练，在训练中体会不同角色的心理活动。

项目三

介绍商品——提升顾客对商品的兴趣

项目简介

本项目以商品介绍流程为主线，主要学习和训练导购员介绍商品的基本方法和技巧，提升顾客对商品的兴趣，为促成交易奠定基础，如图3-1所示。

项目要求

熟练掌握导购员介绍商品流程；对介绍商品操作流程各个环节进行模拟训练，掌握介绍商品的基本技巧；能够掌握询问顾客的基本要领并找准商品卖点，理解并能运用FAB推介法介绍商品，能熟练指导顾客体验商品。

询问顾客

找准卖点

介绍商品

商品演示

图3-1　商品介绍流程

能力点

➤ 能区分并灵活运用封闭式提问和开放式提问。
➤ 能找出给定商品的卖点。
➤ 能运用FAB叙述词介绍商品。
➤ 能通过演示的方式将商品的特点展现给顾客。

思政教育

当前，一些销售人员为了个人利益对所推销商品的功能、功效过度夸大，虚假宣传，诱导消费者购买，特别是诱导老年人、患者、未成年人购买不利于身心健康的保健品、药品或食品等，引发了诸多消费者维权事件。在本项目的"找准卖点""介绍商品"任务中，着重加强社会主义核心价值观的教育，特别是加强守法合规、诚信意识及职业道德的教育。

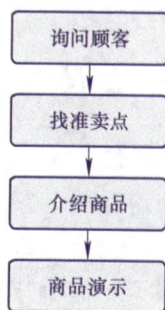

任务一 询 问 顾 客

任务引入

请四位同学分别进行角色扮演，模拟下面两个情景：

情景一：

导购员A："先生，我想请问一下，您挑手机是为自己选还是买来送人的呢？"

顾 客 A："我打算买来送给母亲。"

导购员A："哇，先生您真有心，有您这样孝顺、贴心的儿子，阿姨真有福气！通常老人家视力不太好，看东西会比较费力，我建议您选屏幕大的手机，能够让阿姨很清楚地看到屏幕上的文字内容，而且手机屏幕大，老人家使用起来会方便、轻松很多。来，您看看××的这款如何？"

情景二：

导购员B："先生，您好！很冒昧打扰您。您是帮朋友看手机？"（一位男顾客在看刚上市的女性手机）

顾 客 B："是啊，我想买个手机送给我女朋友。"

导购员B："您的女朋友真幸福，有您这么又贴心、又大方的男朋友。您刚刚看的这款是××刚上市的5G手机，拥有5 000万像素自动对焦摄像头、8GB运行内存、256GB存储容量的高端配置，更重要的是外观时尚、性能强悍。您看看，它的摄像头周围镶有一整圈的小水晶钻石，高贵而典雅，您女朋友一定会很喜欢的。我拿给您试试吧！"

任务分析

以上两个情景中的导购员在询问顾客时都遵循了向顾客提问的基本原则和技巧，如询问的第一句就是从顾客容易回答的问题入手，给顾客提供了回答的方向，并顺利确定目标，接着又利用一些与目的无关的问题来融洽气氛，拉近与顾客之间的距离，最后再运用自己丰富的产品知识向顾客推介相应的商品并解释其中的原因，获取顾客的信任。

导购员一定要根据顾客购买的不同目的而给顾客推介相应的商品，并做好推荐理由的解释。

实训准备

教学设备准备：多媒体教室、1张楼盘宣传广告。

教学组织形式：将学生按2人分成一个小组，以小组学习为主。

任务学时安排：共2学时，教师讲授1学时，学生训练1学时。

知识储备

一、询问的基本方法

导购员应根据实际情况，灵活运用封闭式提问法和开放式提问法，以正确迅速地把握顾客意图。

（1）封闭式提问法是指提出的答案有唯一性，范围较小。提问时就将顾客的回答局限在导购的提问里，让顾客在可选的几个答案中进行选择。在无法对顾客意图做出准确判断时，可用此种方法获知顾客的真实想法，如："请问您喜欢普通轿车还是SUV呢？"

（2）开放式提问法是指提出比较概括、广泛、范围较大的问题。对回答的内容限制不严格，给顾客以充分自由回答的余地。在销售的初期，导购员可以通过开放式提问来引导顾客回答问题，如"您为什么想要购买轿车呢？"

以上两种询问方式的区别见表3-1。

表3-1　两种询问方式的对比

询问方式	目　　的	优　点	缺　点	典型问题
封闭式提问	1. 获取顾客的确认 2. 在顾客的确认点上，引导谈话的方向 3. 引导顾客进入你要谈的主题 4. 缩小主题的范围 5. 确定优先顺序	具有一定的诱导性，且得到的答案明确性较强	问题的局限性较大，得到的回答往往缺乏价值	是不是？ 同不同意？ 要一个还是两个？ 行不行？ 可不可以？
开放式提问	1. 获取信息 2. 让顾客表达他的看法、想法	能够获得一定的信息，有利于商品推荐的针对性	缺乏一定的目标束缚力，且在短时间内影响消费者的思考	为什么？ 感觉如何？ 怎么回事？

二、导购员询问的基本原则

导购员的任务是给顾客提出适当的建议，帮助顾客选择真正喜爱的商品，因此必须先了解顾客的情况与喜好，询问的技巧更是不可或缺。灵活运用询问技巧以了解顾客需求，必须以巧妙、不伤害顾客感情为原则。以下介绍询问技巧的五原则，如图3-2所示。

（1）不连续发问。如果问题一个接一个，给人以压迫感，顾客会感觉被调查盘问，变得心烦，不愿回答。

（2）关联性说明即商品的说明与顾客的回答相关，如图3-3所示。

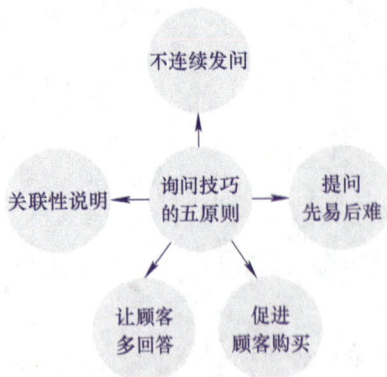

图3-2　询问顾客技巧的五原则

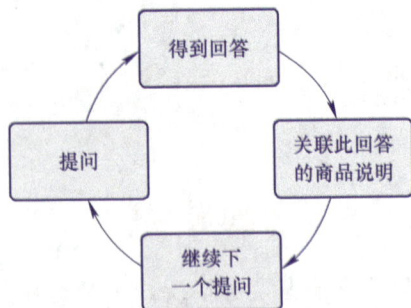

图3-3　商品说明与顾客回答的关联性

以冰箱的营销洽谈情形为例来说明。导购员提问："府上有几位？"当顾客回答5位时，导购员应说："一般而言，冰箱的人均需要量是50升，所以5个人的需要量约250升"。

（3）提问先易后难即先询问容易回答的问题，难以回答的问题后问。这样的程序有利于消除顾客的抵触心理，使其能接受提问、给予回答、听取说明。

（4）促进顾客购买心理的询问方法。在提问之前，要先预测这样的询问是否能够得到促进顾客购买心理的回答。例如，当顾客对商品爱不释手、一再观看时，就可判定"顾客喜欢这项商品"。此时，导购员应该过去询问"您中意吗？"让顾客回答"是啊"或"这商品不错"，以达到促进销售效果。

（5）为了让顾客多回答，导购员可以使用询问达成让顾客多回答的目的。如果导购员单方面说话太多，是不会得到好效果的，要想办法让顾客回答问题。这样做有利于建立融洽商谈的气氛，拉近与顾客的距离。例如问"对不起，宝宝现在几岁？"顺着顾客回答的年龄说"现在是最可爱的年纪"或"就快入学了"等。小孩或小学生是无关于商品的话题，但对创造融洽的商谈气氛却有很大的帮助。

任务实施

询问顾客的技巧主要包括四个方面的内容，如图3-4所示。

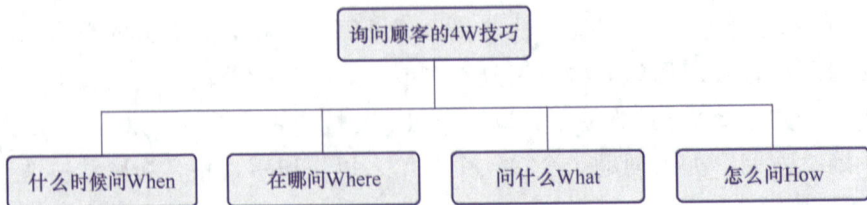

图3-4　询问顾客的4W技巧

一、在恰当的地点和时机向顾客发起询问

询问是一种非常有用的交谈方式，导购员询问顾客要达到一定的效果，首先要弄清楚两个问题：在哪里询问以及什么时候询问比较合适。以服装导购为例，见表3-2。

表3-2　适合服装导购员询问的地点和时机

询问发生的地点	询问发生的时机
陈列板墙前	顾客脚步停止时 顾客拿起商品时 顾客目光寻找店员时 顾客寻找商品时
试衣区域外	顾客穿上商品后 顾客走出试衣间 顾客走到试衣镜前

二、询问恰当的内容

导购员在接待顾客的过程中，要把握好询问的问题，如果因为所提问题不被顾客接受，甚至遭到顾客的反感而失去了顾客就得不偿失了。导购员一般询问的内容包括三方面，具体内容见表3-3。

表3-3　适合询问的内容

询问的内容	注 意 事 项	典 型 例 句
购买的标的物	语气要委婉，不要直接问顾客购买什么	"我能帮您做些什么？" "您好，喜欢这种款式吗？"
购买目的	仔细观察顾客的行为，可适当采用赞美	"先生，您好！很冒昧打扰您。您是帮朋友看手机吧？"（一位男性在看刚上市的女性手机） 顾客："小姐，把这双鞋拿过来我看看。" 导购员可以问："您穿还是别人穿？"
购买的喜好	主动迎合顾客的喜好或有意识地引导顾客的喜好	"还满意吗？" "很适合您，不是吗？" "我认为这款非常好，您认为呢？"

> ▽ 温馨提示
>
> 询问时应注意：忌问个人隐私和敏感问题。

三、选择恰当的询问方法

询问的方法有开放式询问和封闭式询问。在实际运用的过程中，一般不会单独采用其中的一种方式，而是将这两种方法综合运用，具体有以下两种模式：

（1）商品推荐的问句模式：开放式问句+开放式问句+封闭式问句。此种询问模式一般是先询问消费者购买商品的类别，然后再询问消费者对陈列商品的感想，最后可选取某一商品进行询问。

（2）促成销售的问句模式：封闭式问句+开放式问句+封闭式问句。采用这种询问模式一般先询问顾客是否合身、合适，然后再询问其对产品的态度，最后询问消费者是否需要看一下相关商品。

效果评价

【情景模拟】某楼盘营销中心走进一位年轻男性顾客，导购员在介绍了几个户型后，感觉顾客的目标不是很明确，于是就问顾客："您现在收入多少？"顾客就很生气地说："你问这个干什么？"请问该导购员的询问是否恰当？应该如何询问顾客？

【实训要求】学生按两人一组轮流扮演以上情景中的两个角色。扮演导购员角色时，导购员要正确地对顾客进行询问。根据实训结果完成表3-4。

表3-4　询问顾客实训效果评价表

考核项目	考核标准	得　分
职业素养（20分）	1. 按时出勤，课堂表现好（10分）	
	2. 仪容仪表标准（10分）	
关键能力（55分）	1. 询问顾客时机的把握（10分）	
	2. 对询问内容的熟悉程度（10分）	
	3. 能区分并灵活运用封闭式提问和开放式提问（10分）	
	4. 能够迅速处理情景模拟中遇到的问题（10分）	
	5. 具有良好的口头表达能力（10分）	
	6. 具备良好的团队合作精神（5分）	
知识技能（25分）	1. 能够准确描述两种询问方式（5分）	
	2. 能够说出两种询问方式的区别（10分）	
	3. 能够描述询问顾客的五原则（10分）	
合　计		

心得体会：

任务二　找准卖点

任务引入

故事一：一个青年为他父亲白手起家的故事而感动，于是，他历尽艰险来到热带雨林找到一棵高10余米的树，这种树在整个雨林也只有一两棵。砍下一年后显出木心沉黑的部分，一种无比的香气便散发出来；若放在水中则不像别的树木一样漂浮，反而会沉入水底。青年将这棵香味无比的树运到市场去卖，却无人问津，这使他十分烦恼。而他身旁有人卖木炭，买者很多。后来，他就把香木烧成木炭，挑到市场，很快就卖光了。青年为自己改变了主意而自豪，回家告诉他的老父。不料，老翁听了，泪水刷刷地落下来。原来，青年烧成木炭的香木，是世界最珍贵的树木——沉香。老翁说，只要切一块磨成粉屑，价值也要超过卖一年的木炭啊！

　　故事二：一位客人曾在一家烧鹅店吃饭，店老板向他推荐鹅肉；而当时他是不爱吃鹅肉的。但那老板又讲了一句："你知道世界上哪种动物不得癌吗？一种是海里的鲨鱼，另一种就是陆地上的鹅了。"那位客人听了这番话后，胃口大开，一口气吃了两盘。

　　这两个结局完全不同的故事对我们有什么启示？

任务分析

　　故事一中的青年把上好的沉香当作木炭卖掉，是因为他不了解自己的商品，更没有挖掘出商品的卖点；而故事二中的店老板却凭借那简短的自问自答，很好地吻合了客人内心对健康的渴求，使其对商品产生出好感，推动消费的完成，达到传播的最终目的。这两个故事告诉我们，在现代营销中，最重要的是找准卖点。

实训准备

　　教学设备准备：多媒体教室、3部手机。
　　教学组织形式：将学生按4人分成一个小组，以小组学习为主。
　　任务学时安排：共2学时，教师讲授1学时，学生训练1学时。

知识储备

一、卖点的概念

　　所谓卖点，是指一个商品区别于其他商品所具有的独特性质，其实就是一个消费理由，最佳的卖点即为最强有力的消费理由。我们可以从以下三个方面来理解卖点的概念。

　　（1）卖点首先是交易对象的需求。也就是说，卖点是限于交易对象的需求来展开的，如果所谓的卖点不能解决交易对象的需求问题，那根本就不能纳入卖点的领域。这点说明卖点是用来解决需求的。

　　（2）卖点所针对的需求的主体。卖点所针对的需求的主体并不是盲目的，应该是目标受众。对于某一项商品的具体属性、用途和功能，用于满足特定人群的不同需求。

（3）卖点是满足目标受众的需求。这也是卖点的概念的重要内容，如果在满足目标受众需求的商品对比中体现不出优势，那我们的卖点也不能称为卖点了。能够满足顾客的卖点很多，如图3-5所示。

图3-5　商品卖点举例

二、商品卖点提炼的基本理论

商品的卖点由其自然属性和社会属性提炼而得到的。导购员在归纳和提炼卖点时，可以遵循以下方法。

（1）人无我有。一般而言，人无我有是指在商品导入期时，厂家新产品的功能卖点与竞争对手具有鲜明的区别，并且消费者在导购员引导下能够一眼看出这种区别之处，这时候介绍产品的卖点主要是将这些独特之处向消费者指明即可，独有的销售卖点是让消费者留下深刻印象的最常用手段之一。

（2）人有我优。人有我优是指随着某种商品生产销售日益成熟，该类商品的品种类型日益增多，市场空间日益变大，这时竞争对手开始大量生产同类商品，企业为了保持市场份额及利润空间，针对市场竞争多元化的情况，采用新技术加快新品的推出速度，并利用新技术或新概念来塑造新品的卖点，这时候卖点的提炼则是侧重商品与竞争品牌同类商品的技术差距及新技术给消费者所带来的全新的利益点，必须将新品的"优"表现得淋漓尽致，商品的卖点提炼必须更具有人性化。

（3）人优我特。人优我特是指随着商品的技术壁垒日益降低，各品牌产品的功能卖点、技术参数、外观严重同质化，各品牌产品在销售终端的区分越来越模糊，这时的卖点已经不再是单纯的商品自身卖点的提炼，而是侧重商品新概念上的提炼形成自己独有的销售主张。

任务实施

提炼卖点的步骤主要分为三步，如图3-6所示。

1 调查整理相关需求 → 2 提炼卖点 → 3 表达和展示卖点

图3-6 提炼卖点的步骤

一、调查并整理相关需求

调查目标顾客的潜在需求，整理出商品需求的步骤，如图3-7所示。

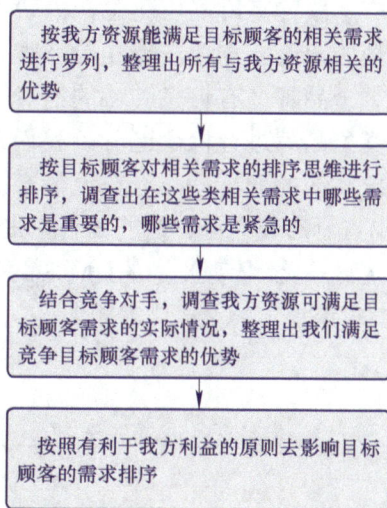

按我方资源能满足目标顾客的相关需求进行罗列，整理出所有与我方资源相关的优势

↓

按目标顾客对相关需求的排序思维进行排序，调查出在这些类相关需求中哪些需求是重要的，哪些需求是紧急的

↓

结合竞争对手，调查我方资源可满足目标顾客需求的实际情况，整理出我们满足竞争目标顾客需求的优势

↓

按照有利于我方利益的原则去影响目标顾客的需求排序

图3-7 整理出商品需求的步骤

二、提炼卖点

（1）提炼过程是首先提出我方商品优势，其次进行我方商品优势的识别，再确认我方商品优势能满足目标受众的需求内容，最后提出将我方商品与竞品相比所体现的比较优势。

（2）提炼技巧包含商品优势、优势识别和需求满足优势三方面内容。

1）从商品的天然属性上提炼。目前，全球消费者都越来越追求商品的纯天然性和健康环保的特点。所以，如果与天然性、安全性、健康性、绿色环保等特点有关的商品，企业可以从天然环保的角度，去提炼商品的卖点。这样，消费者为了自己的身体和生活的安全，会更加重视和优先选购此类商品。

例如，农夫山泉天然水——天然弱碱性的健康饮用水。

2）从商品的技术参数指标上提炼。这是从产品质量、科学技术、使用时间等方面来提炼商品卖点的。因为广大消费者都会对质量好、经久耐用、响应速度快的商品更加青睐。

例如，日丰管的"管用五十年"或者美的热水器的"3秒速热"。

3）从商品的权威性上提炼。一般情况下，由某权威机关、组织机构、政府部门等选择使用的商品，往往在产品质量、安全性、先进性等诸多方面经过了严格的检测，是相对高品质的产品。显然，商品有了这一认可或认证，消费者就会更加喜欢和信任。因此，企业在机会来临之时，也可以在权威性方面做文章，使得商品更容易让消费者追捧。

例如，鲁花花生油——人民大会堂宴会用油。

4）从商品的功能上提炼。一般而言，各厂家的产品功能多是大同小异，故而我们在提炼功能卖点上主要侧重这一"异"字，使自己的功能卖点别具一格。但对于作为进攻或干扰竞争对手的产品系列则是侧重异中求同，在"同"字上做文章，从而使提炼出的功能卖点能在终端起到干扰对方的作用。

例如，"王老吉凉茶——怕上火就喝王老吉"；又如，"红牛——有能量，更激情"。

5）从竞争对手的市场推广概念上提炼。当各品牌的产品在功能设置、技术参数指标、产品性能、外观包装、市场推广手段等高度同质化时，消费者在销售终端选购商品时会表现得更加不知所措。商品在终端的角逐，主要表现在对品牌、产品定位、消费者的心理诉求上进行综合性的概念提炼。每个品牌多有自己独特的消费诉求概念，为了使自己的概念更能吸引消费者，更鲜明地与竞争品牌进行概念区分，我们则应大量搜集竞争对手市场推广新概念、新手段，进行全方位系统的分析，结合自己的产品特性进行概念提炼。最终以产品推广概念为纲，驾驭商品卖点，形成自己鲜明的销售主张。

例如，比亚迪汽车推出了基于超级混动技术的DM-i系列新车型，于是，"安全、高效、省油"的新一代产品成了汽车市场上的又一大热点。

■ **课堂讨论**

与同学分成小组讨论市场上在售的主流空调产品的卖点，完成表3-5。

表3-5　空调的卖点

商品品牌	产品卖点
格力空调	
美的空调	
海尔空调	
小米空调	

温馨提示

提炼卖点注意事项：
（1）提炼卖点主次要分明，主要卖点不超过三个。
（2）卖点要简明，且通俗易懂。
（3）卖点应围绕消费者的需求来提炼。

三、卖点在传播过程中的表达思路

商品卖点在向顾客传播过程中的表达思路可以用下面的三句话进行概括：一句核心利益诉求，三个商品优势支撑，五项相关利益所得。注意，这里的一三五是一个泛指。

商品卖点提炼举例。

> 谭木匠的梳子按立意不同可划分为"花开富贵，竹报平安""凤求凰"及"鹊桥仙"系列等，体现传统民族特色；按用途划分为普通桃木梳、护发梳、合家欢、婚庆梳以及相关的发夹、镜子、佛珠等木制产品；按材质划分为檀木系列、黄杨木系列、牛角系列等。
>
> 谭木匠丰富的产品满足了消费者不同的需求，并且每一个新品都是基于满足用户的独特体验感受而开发的，如"新婚对梳"（见图3-8）针对的是结婚人群，很好地满足了新人婚嫁用品（既有实用性又可作为一种习俗）需求。
>
> 谭木匠梳子因演绎了独具特色的文化理念，使其获得了消费者情感上的认同。随着保健、防静电等功能的推出，木梳和牛角梳成为消费者青睐的商品。谭木匠抓住这一顾客需求，以独特的文化品位和高品质的木梳，塑造了自己的品牌卖点形象。

图3-8　谭木匠的"新婚对梳"

效果评价

【情景模拟】某手机柜台先后走进一位男性年轻顾客、一名在校大学生、一位老年顾客。请问导购员应如何向不同顾客介绍商品卖点？

【实训要求】学生按四人一组轮流扮演以上情景中的四个角色。扮演导购员角色时，要表现出导购员正确地向顾客介绍手机的卖点。根据实训结果完成表3-6。

表3-6　商品卖点提炼实训效果评价表

考核项目	考核标准	得分
职业素养（20分）	1. 按时出勤，课堂表现好（10分）	
	2. 仪容仪表标准（10分）	
关键能力（45分）	1. 提炼商品卖点的运用（10分）	
	2. 对商品的熟悉程度（10分）	
	3. 能够迅速处理情景模拟中遇到的问题（10分）	
	4. 具有良好的口头表达能力（5分）	
	5. 具备良好的团队合作精神（5分）	
	6. 具备一定的组织协调能力（5分）	
知识技能（35分）	1. 能够准确描述卖点的定义（5分）	
	2. 能找出给定商品的卖点（15分）	
	3. 能够说出提炼商品卖点的基本技巧（15分）	
合　计		

心得体会：

任务三　介绍商品

任务引入

导购员应该如何向顾客介绍商品？为什么有些导购员的介绍无法打动顾客？

两名学生进行角色分配，模拟下面情景：

小王是销售平板电脑的导购员。一日，进来一位实用型客户问道："有人说A品牌好，也有人说B品牌好。你说我到底该选择什么品牌呢？"小王拿了一台A品牌的平板电脑和一台B品牌的平板电脑，说："B品牌的平板电脑可以放在地上给你踩上去试一下。"然后就停住不说了——她省略了所推荐的平板电脑的作用和特点等同样分量很重的话，也就是说B品牌平板电脑质量非常可靠。你认为能像小王那样迎合顾客需求是否合理？应该如何有效地介绍商品？

任务分析

成功说服顾客，是因为要找准顾客的需求点，针对实用型客户，要强调商品的质量，并与同类商品进行对比，显示出该商品的卖点，进而告之顾客该商品此项卖点能给顾客带来的利益。

实训准备

教学设备准备：多媒体教室，纯牛奶、高钙牛奶和早餐奶各1盒。

教学组织形式：将学生按3人分成一个小组，以小组学习为主。

任务学时安排：共3学时，教师讲授1学时，学生训练2学时。

知识储备

一、FAB的概念

FAB介绍法，是导购员向顾客分析产品利益的一种方法。FAB的概念是在商品推介中，将商品本身的特性、所具有的优点及其能够给顾客带来的利益和好处有机地结合起来，按照一定的逻辑顺序加以阐述，形成完整而又完善的营销说词，其内容如图3-9所示。

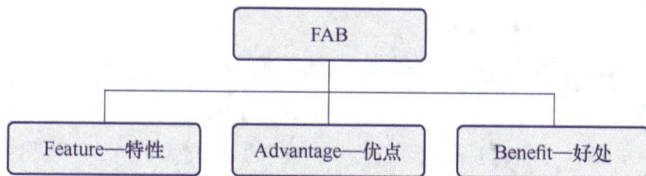

图3-9 FAB的构成

（1）Feature—商品的特性。说明商品与众不同的特征或优点，即它是什么。

每一种商品有很多的属性，有些属性是跟其他竞争品或替代品相同的，称之为共性；有些属性则是本商品所独有的，就称之为特性。在销售时要说明商品具有哪些不一样的特性。

（2）Advantage—商品的优点（功效）。说明商品的特性会发挥什么用处，即它能做什么。

"功效"是在说明"特性"所具有的作用或功能，说其功用。

（3）Benefit—商品的好处。说明商品的功效能替客户带来什么好处，即它能为顾客带来什么利益。

顾客购买商品是为了得到"解决问题"或"满足需求"的好处。因此，导购员必须要把商品的特性与功效，站在顾客的立场，转化成满足顾客需求的利益。

二、FAB的重要性

顾客在购买商品时，购买商品本身之外，是为了享用该商品所提供舒适、方便、安全等功能与用途。所以，导购员需要清楚地知道，其所销售的商品有何与众不同的特性，它能带给顾客什么利益，哪些才是我们的卖点。

任务实施

FAB介绍法的具体步骤有三步，如图3-10所示。

图3-10 FAB介绍法的实施步骤

一、寻找商品的FAB

（1）资料来源：主要有商品说明书、与竞争品牌的比较、从消费者口中询得和导购员自身的观察等途径。

1）商品的说明书（商品目录、商品手册）：商品的说明书是在介绍该商品的基本特性和功能，所以可以从中找到基本资料加以运用。

2）与竞争品牌的比较：把我们的商品和竞争品牌一起进行客观的比较，找出其中的异同点加以运用。具体案例见表3-7。

❄ 小米11&华为Mate40

小米11和华为Mate40都是目前比较热门的旗舰机，两款手机的定位也比较相似（见图3-11和表3-7）。

首先，在外观方面，小米11采取了2K分辨率的四曲面挖孔屏及磨砂玻璃机身设计，而华为Mate40则采用了1080P的曲面挖孔屏及玻璃机身设计，两者各具特色。其次，在硬件方面，小米11搭载了5nm工艺打造的骁龙888处理器，而华为Mate40则搭载了5nm工艺打造的麒麟9000E处理器。小米11的测试跑分更高，但麒麟9000E处理器的功耗控制更佳，从这个角度来说，小米11与华为Mate40在硬件上各有胜负。再者是功能性方面，小米11配备了屏下指纹、55W功率的有线快充、50W的无线充电、10W的反向充电、NFC、双立体扬声器、线性马达、增强版Wifi6等功能，综合实力颇为全面；而华为Mate40配备了屏下指纹、40W功率的有线快充、27W功率的无线充电、双扬声器、IP53级别的防尘防水、NFC等功能，综合实力同样不俗，两者功能性都很丰富。

综合来看，同为目前行业较为出众的旗舰机型，小米11与华为Mate40在对比之下各有优劣。如果你更看重屏幕、性能、充电速度、性价比等方面，小米11应该是更合适的选择；如果你更看重单手操作、功耗、拍照、防尘防水等层面，华为Mate40则更符合需求。

图3-11　小米11和华为Mate40

表3-7　小米11和华为Mate40的参数对比

项　　目	小米11	华为Mate40
屏幕	6.81英寸 分辨率3 200×1 440 2K AMOLED四曲面柔性屏 120Hz屏幕刷新率+480Hz触控采样率	6.5英寸 分辨率2 376×1 080 OLED曲面屏 90Hz屏幕刷新率+240Hz触控采样率
处理器	骁龙888	麒麟9000E
后摄像头	1亿像素超清主摄（f/1.85光圈，OIS光学防抖） 123°超广角镜头（f/2.4光圈） 500万像素长焦微距镜头	5000万像素超感知摄像头（广角，f/1.9光圈） 1600万像素电影摄像头（超广角，f/2.2光圈） 800万像素长焦摄像头（f/2.4光圈，OIS光学防抖）
前摄像头	2 000万	1 300万
运行内存	8GB/12GB	8GB
存储闪存	128GB/256GB	128GB/256GB 扩展内存
电池	4 600mAh	4 200mAh
充电	55W有线快充/50W无线快充	40W有线快充/40W无线快充
高度（mm）	164.3	158.6
宽度（mm）	74.6	72.5
厚度（mm）	8.06（玻璃）/8.56（素皮）	8.8（玻璃）/9.2（素皮）
重量（g）	196（玻璃）/194（素皮）	188（玻璃）/184（素皮）

3）从消费者口中得知：许多巧妙的特性只有使用者才知道，所以由他们的口中往往能得知意想不到的用处。

4）导购员自身观察：发挥自己的想象力和创造力，找出特殊的优点。

（2）从商品本身出发，有多个角度值得考虑，见表3-8。

表3-8 可参考的商品属性

安　全	效　能	外　观	舒　适	方　便	经　济	耐　用
商品对顾客的安全性有何贡献	商品给顾客发挥预期的功效	商品的造型耐看、美观、实用等	商品带给人愉快舒服的感觉	商品易于使用，让顾客方便、省时	更便宜、更省钱、更赚钱等	可持续提供利益，时效长久

二、FAB叙述词

（1）在向顾客介绍商品时，可以把商品的介绍词例如，"因为……（特性）……它可以……（优点）……对你而言……（好处）……"连成一句有说服力的说辞，如图3-12所示。

图3-12 增强说服力

（2）在使用FAB叙述词时，可省去特性或优点，甚至颠倒使用，但不能漏掉"优点"或卖点。

例如，"具有良好的抓地性和耐磨性，使您的穿着环境更加广泛，穿着感觉更加舒适"，或者"因为××系列采用了足底换气系统，使您的脚部时刻保持干爽，消除异味"。

三、FAB介绍法

以推销女鞋为例，使用FAB介绍法需要分别体现FAB叙述词。

F——因为我们的鞋子是由专业人士设计，专业化生产，样式众多。

A——所以我们能领导时代潮流，而且永不落伍。

B——（对您而言）您品味时尚，符合您的身份和气质。

一般介绍法与FAB介绍法之比较见表3-9。

表3-9 一般介绍法与FAB介绍法之比较

一般介绍法	FAB介绍法		
	F——特性	A——优点	B——好处
这件衣服是棉质的	衣服是棉的	棉的衣服能吸汗	棉的衣服可以避免您在大汗淋漓时，汗液把衣服和皮肤黏在一起，引起浑身不适
这条手绢是丝质的	手绢是丝的	丝质手感柔滑，让人感觉高雅	如果您带上一块丝绸手绢，那么别人会认为您很有品位，是个高雅的人
这是低脂牛奶	牛奶是低脂的	低脂牛奶不会发胖	食用低脂牛奶您可以同时获得丰富营养和保持苗条的身材

> ▽ **温馨提示**
>
> FAB介绍法使用两要素：对商品足够熟悉；充分发挥想象力。采用FAB介绍法介绍商品演示见视频3-1。
>
> 视频3-1 介绍商品

效果评价

【情景模拟】某乳品专柜前经过一对母女。请问导购员应该如何向顾客介绍纯牛奶、高钙牛奶、早餐奶三种商品。

【实训要求】学生按三人一组轮流扮演以上情景中的角色。扮演导购员角色时，要表现出导购员正确运用FAB介绍法向顾客介绍以上商品。根据实训结果完成表3-10。

表3-10 商品介绍实训效果评价表

考核项目	考核标准	得分
职业素养（20分）	1. 按时出勤，课堂表现好（10分）	
	2. 仪容仪表标准（10分）	
关键能力（55分）	1. FAB叙述词的熟练运用（10分）	
	2. 对商品的熟悉程度（10分）	
	3. FAB介绍法的正确运用（10分）	
	4. 能够迅速处理情景模拟中遇到的问题（10分）	
	5. 具有良好的口头表达能力（5分）	
	6. 具备良好的团队合作精神（5分）	
	7. 具备一定的组织协调能力（5分）	
知识技能（25分）	1. 能够准确描述FAB介绍法的含义（5分）	
	2. 能够说出五个以上的FAB叙述词（5分）	
	3. 能够说出FAB介绍法的关键要素（5分）	
	4. 能够区别一般说辞与FAB说辞（10分）	
合计		

心得体会：

任务四 商品演示

任务引入

在商场促销活动中，经常能看到一些不知名的蒸汽熨斗、榨汁机、迷你洗衣机品牌。它们款式和型号单一，做工比较粗糙，却凭借一个演示台、一个堆头和一两款产品，实现5万元左右的月均零售额，旺季时甚至高达20多万元。这样的业绩，不禁令我们瞠目结舌，就是一些国际知名品牌也自叹不如。商场商品演示活动真能创造出如此效果吗？

任务分析

以上所列举商品之所以能够创下5万～20万元的月销售额，完全得益于现场商品演示活动的效果。有别于站柜销售，现场演示销售越来越成为一种重要的促进销售方法。那么企业对此是否也有足够的重视和准备呢？导购员又该如何具备现场演示的基本技能呢？

实训准备

教学设备准备：多媒体教室，豆浆机1台、剃须刀1个。
教学组织形式：将学生按4人分成一个小组，以小组学习为主。
任务学时安排：共2学时，教师讲授1学时，学生训练1学时。

知识储备

一、商品演示的概念

商品演示就是通过某种现场示范将商品的性能、优点、特色展示出来，使顾客对商品有一个直观了解和切身感受。导购员可以结合商品情况通过刺激顾客的触觉、听觉、视觉、嗅觉、味觉来进行示范。一个设计巧妙的示范方法，能够创造出销售奇迹。

二、适合于现场演示商品的特点

（1）演示效果明显。比如破壁机（见图3-13）、按摩棒、吸尘器、电话手表等功能单

一、操作简单、功能诉求性强，通过现场演示，能马上将主要功能展示出来，效果非常明显，能让顾客立刻清晰地看到卖点。

例如，小天才新推出的高档儿童防水电话手表（见图3-14），通过"水浸泡"演示，防水卖点一目了然。

图3-13　九阳破壁机

图3-14　小天才儿童防水电话手表

此外，现场演示的效果要立等可见，如果要过几个小时才能看到效果，顾客早就跑光了。如养生炖煮锅（见图3-15）要演示其异于普通压力锅、电饭锅的"炖煮"功能，需要4～6个小时，试想会有几个顾客为了买一个锅等上那么长时间呢？

（2）卖点独特：演示商品与同类商品相比，如果没有更新的功能特点，一般就不要为了演示而演示。只有更新、更为独特的卖点，才能激发客户的购买欲望。

例如，某公司为了突出无线吸尘器"强劲吸力、方便好用"这一独特卖点，通过吸各种污渍来演示。刚开始时，效果还比较理想，但随着对手的模仿跟进，"强劲吸力、方便好用"逐步变成了普通卖点。如何挖掘出区别于对手的卖点也就成了当务之急。经过深入的研究，该公司发现这款商品的"高效除螨"特点突出。因此，他们将这一特性作为区别于对手的主要卖点进行了提炼，诉求"高效除螨"功能的实用性，如可以吸动物毛发、儿童床褥、硬质地板及地毯等，最后取得了一个比较满意的效果，如图3-16。

图3-15 养生炖煮锅

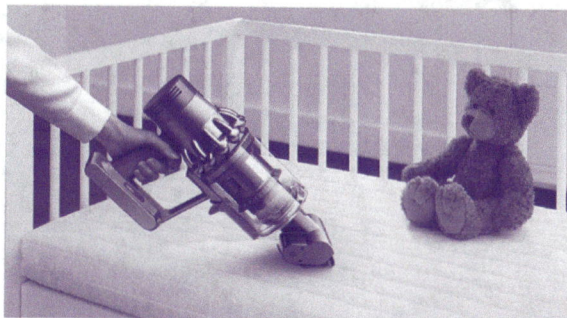

图3-16 吸尘器

三、提升现场演示效果的策略

（1）突出演示重点。突出最能吸引顾客的主要优点和卖点，对于那些顾客不是很关心的功能，则轻描淡写。

例如，演示某榨汁机"摔不烂"等特点，导购员经常邀请顾客拿起杯子往地上摔、用脚踩，并承诺，如发现裂纹，当场赠送一台榨汁机。接着，导购员又拿出一个大塑料杯，将满满的一杯水朝榨汁机泼了下去，在顾客的一片惊叫声中，导购员打开电源，湿淋淋的榨汁机照样正常运转。顾客彻底信服了，纷纷解囊购买。

（2）趣味性强。例如，某品牌保暖内衣为演示其"保暖、抗风"等特点，在京城部分商场组织了一场抗风寒的模特秀。四五个模特在冷风凛冽的露天舞台仅穿着保暖内衣，连续一个多小时，不流鼻涕、不哆嗦，效果非同凡响。尤其是厂家邀请现场观众参与表现后，现场气氛一下子就"引爆"了，当场销售内衣达200多套。

（3）创造良好的现场气氛。叫卖，对于吸引顾客，拢聚人气，创造良好的现场演示气氛是一个行之有效的办法。叫卖必须声音洪亮、用语简单明了，如"榨汁机，这边看了，特价198了啊！"

洪亮的叫卖声还可以增强导购员的销售信心、鼓舞士气，而且又能对竞争产品形成一定的震慑力，也能给卖场主管一个"热销"的印象。此外，也可利用悬挂条幅、吊旗、堆码、电视等辅助销售工具，进行现场气氛的渲染布置。

（4）演示要干净利落、规范安全。规范整齐的东西往往能给人一种很舒服的感觉，演示也是一样。设计现场演示活动必须先为演示人员设计一整套的标准演示用语和演示动作，将演示活动标准化、流程化、程序化，并注意演示过程中的潜在安全问题。

■ **小知识**

有营销专家曾进行研究，影响现场演示活动效果的因素有：演示员的仪表占35%，演示商品的品质占26%，商品合理的价格占19%，出众的演示方法占20%。此外，要提高商品演示的成交率，还可以组合运用SP手段（SP是英文Sales Promotion的缩写，即促销），如赠品、特价促销、限量销售等。

任务实施

商品演示的步骤可分为四步，如图3-17所示：

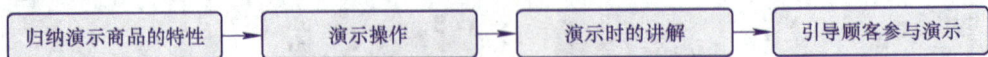

归纳演示商品的特性 → 演示操作 → 演示时的讲解 → 引导顾客参与演示

图3-17　商品演示步骤

■ **职场技巧**

谨记：商品知识对促销员来说是至关重要的！

一、归纳演示商品的特性

演示商品通常有三到五个卖点，但一般只有一个卖点是最独特的，那么它就是此商品的"个性"。演示员在卖场必须反复宣扬这个"个性"，让客户接受它、认同它。现场演示最忌讳面面俱到，以至于最后变得没有重点，客户听得不耐烦就会离开。

而辅助卖点则不需要做太多解释，因为客户已经在竞争对手那里了解得非常清楚了，讲解时一句话带过即可。但如果客户追问，演示员最好有一些不同于对手的新的阐释。如果竞争对手只能说出三重作用，而你能说出四重，客户的天平筹码不就偏向于你了吗？

二、演示操作

销售演示要点包括演示动作要点和讲解要点，在现场演示时一定要"表演"到位。这里的演示操作主要是指演示动作要点。通过规范和标准的演示操作流程，突出商品卖点，不但可以有效激发顾客的购买兴趣，便于顾客理解商品的卖点，而且还能化解顾客在质量、使用难度和性能稳定性等方面的顾虑。此外，标准规范的演示操作流程还有助于提高演示成功率，能够尽可能避免由于操作不当引发的演示失败，甚至是安全事故。

三、演示时的讲解

遵循FAB法则，对商品的各个特性进行分解，将商品的特性转化为好处或卖点，让顾客觉得你是在提供真正能够满足他需要的产品，而不是为了掏出他口袋里的钱。讲解一定要生活化、口语化，而不是严格按照标准说辞，一成不变，应该像拉家常一样，感觉随意又不失逻辑，让顾客根本感觉不出你在推销。

四、引导顾客参与演示

一个好的演示还要考虑让顾客参与其中。因此在设计演示方法时一定要考虑如何邀请顾客参与，参与哪些演示环节，以实现良好的现场互动气氛。

下面以灶具及吸油烟机为例，引导顾客参与演示体验，演示流程见图3-18。

1．物理外观演示
(1) 台灶可让导购员站在上面不会变形。
(2) 陶瓷灶具的面板可用刀具在面板上划而无划痕。
(3) 玻璃面板灶具可用本公司的火盖敲击。

2．一般功能演示
(1) 电源开关演示：插头不用拔掉，有开关可以完全关闭电源。
(2) 吸力演示：在报纸中央放上火盖，可以吸上去；在锥形油网四周放上四张电话卡，比较难拿下来；用喷壶在离烟机半米处喷水雾，可以迅速排走；用不锈钢盒演示，可以吸住；PC料油杯可以用力摔打。
(导购员在卖场中应留意竞争对手的演示方法，尽量避免和别人一样，显示吸力比别人的好。)

3．特色功能演示
(1) 将其他品牌的油网放在柜台，左手放在油网里面，右手拿喷壶在外面喷水雾，左手上会有水，显示免拆洗不可能达到。
(2) 将自己品牌的油网重复进行演示，通过对比突出自己商品免拆洗的特色功能。
(3) 在卖场放置空气加湿器来直观地展示吸烟机的吸排效果，因为利用空气加湿器，可以直观地看到水蒸气被完全吸收的过程。

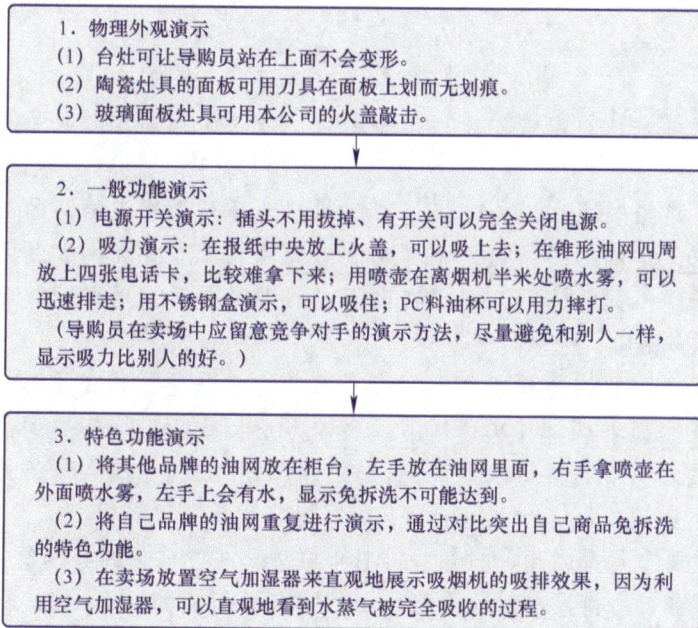

图3-18　灶具及吸油烟机的演示流程

效果评价

【情景模拟】某超市小家电专柜前，一位女士和一名年轻男性顾客分别在观看两名导购员演示商品，其中一位导购员在演示豆浆机，旁边的一位导购员在演示新款剃须刀。请问导购员应如何演示这两种商品？

【实训要求】学生按四人一组轮流扮演以上情景中的四个角色。要求扮演导购员角色时，表现出导购员正确演示商品并与顾客沟通。根据实训结果完成表3-11。

表3-11　商品演示实训效果评价表

考 核 项 目	考 核 标 准	得　分
职业素养（20分）	1．按时出勤，课堂表现好（10分）	
	2．仪容仪表标准（10分）	
关键能力（55分）	1．对商品的熟悉程度（10分）	
	2．能通过演示的方式将商品的特点展现给顾客（10分）	
	3．能够迅速处理情景模拟中遇到的问题（10分）	
	4．具有良好的口头表达能力（5分）	
	5．具备良好的团队合作精神（5分）	
	6．具备一定的组织协调能力（5分）	
知识技能（25分）	1．能够准确描述演示的定义（5分）	
	2．能够说出三个以上演示商品的特性（5分）	
	3．能够说出如何提升商品演示的效果（5分）	
	4．能够掌握商品演示的要点（10分）	
合　　计		

心得体会：

项目总结

导购员通过精心设计的方法和技巧介绍商品，可以提升顾客对商品的兴趣，为促成交易奠定良好基础。

导购员的任务是给顾客适当的建议，帮助顾客选择真正喜爱的商品，因此必须先了解顾客的特征与喜好。询问的技巧更是不可或缺。询问有开放式询问和封闭式询问，导购员针对不同的目的采用不同的询问方式。在询问过程中更要活运用询问技巧的五原则，如不连续发问、让顾客多回答、关联性说明等。

现代营销中真正重要的是找准卖点。找准卖点的前提是要调查了解并分析卖点的受众对象以及目标对象的需求点，其次是运用适当的方法和技巧提炼相关商品的卖点，最后将提炼出来的卖点按"核心利益诉求、商品优势支撑、相关利益所得"三方面进行归纳，并在传播过程中表达出来。

介绍商品最重要也是最常用的方法是FAB介绍法。一位出色的导购员在介绍商品时应学会通过多种途径（商品本身及各种相关资料）找出商品对应的F、A、B，合理组织FAB叙述词，运用FAB介绍法介绍商品。

一个设计巧妙的商品演示方法，能够极大地促进销售。商品演示是通过一定的方式将商品的性能、优点、特色展示出来，使顾客对商品有一个直观了解和切身感受。导购员应先分析归纳演示商品的卖点，然后按演示操作要领进行商品演示，在演示过程中穿插必要的商品讲解（运用FAB介绍法），最后要注意引导顾客参与演示，以增强演示效果。

教学建议

开展本项目教学时，建议教师在讲解过程中设置情景，让学生积极参与互动，重点对商品介绍的要点及技巧作详细讲授和示范，并适当利用现场演示与视频演示来进行教学；建议教师授课为4学时，给予学生5学时的课堂训练。在训练过程中，教师须进行操作要点及注意事项的强调，可进行分组实训，开展小组竞赛活动，以激发学生的积极性。

建议学生在学习本项目时注意对基本理论知识的学习和准备，并注重商品介绍要点与技巧的实际操作，认真对待实训，对不易理解和操作容易出错的地方须进行强化训练。

项目四

处理异议——化解顾客疑虑

项目简介

本项目以化解顾客疑虑流程为主线，主要学习顾客异议的概念、类型及成因，了解处理顾客异议的原则，掌握处理常见顾客异议的技巧，如图4-1所示。

项目要求

熟练掌握如何有效地化解顾客异议；了解顾客异议产生的原因及处理原则，并有针对性地灵活处理顾客提出的异议，提高操作熟练程度；能够独立、正确、有效地面对顾客，具备优秀导购员必须掌握的基本技能。

分析顾客异议的类型

了解顾客异议产生的原因

处理顾客异议的原则

掌握顾客异议的处理技巧

图4-1 化解顾客疑虑流程

能力点

➤ 能结合顾客的表现特征来区分顾客的异议类型。
➤ 能运用情绪ABC理论化解顾客的不良情绪。
➤ 能运用LSCPA法处理顾客异议。

思政教育

日本历史上最出色的保险推销员原一平的微笑被称为"价值百万美元的微笑"，他总能以平和、友善、诚挚的态度对待、尊重顾客的异议，能够根据具体的时机针对不同的顾客语气委婉地选择不同的转换词，如"虽然""不过""然而""除非""诚然""如果"等，并从客观事实出发，科学论证，化解顾客的疑虑，为最终的成交铺路。在本项目的"掌握顾客异议的处理技巧"任务中，应加强社会主义核心价值观教育，特别是诚信教育、友善教育。

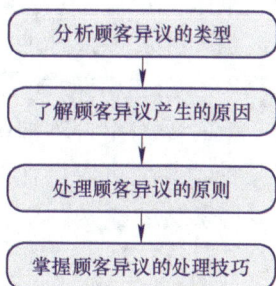

任务一　分析顾客异议类型

任务引入

一天晚上，几位顾客在一起吃饭，点了一些菜，其中有一道菜是凉拌海带丝，过了一会儿，服务员过来对点菜的顾客说，"抱歉，海带丝没有了。"顾客接着说，"没有，太过分了，那就算了吧，退钱。"（顾客产生异议）。于是，饭店就把这道菜的钱退掉了。

任务分析

事实上，如果服务员（导购员）能够很好地解决这个客户的异议，完全可以不用退钱，也一样可以很好地解决客户的异议，同时还为公司增加了业绩，这不是两全其美的事情吗？在上述情景中，服务员可以猜测顾客点海带丝这道菜的动机，也许顾客是为了减肥，或者因为不喜欢油腻等原因。这时，服务员可以根据对顾客口味偏好和动机的猜测，向其推荐其他可以替代的菜品，比如豆腐丝、青笋丝等。兴许顾客就会消除异议，并欣然接受服务员的建议。

实训准备

教学设备准备：多媒体教室、3副耳环、2条项链、2个戒指。
教学组织形式：将学生按4人分成一个小组，以小组学习为主。
任务学时安排：共3学时，教师讲授2学时，学生训练1学时。

知识储备

一、认识顾客异议

销售的过程就是一个"异议—同意—异议"的循环过程，每一次交易都是一次"同意"的达成，而合作过程中必然会带来新的问题和额外的要求，这就是异议。从而可以得出以下结论：

（1）从顾客提出的异议，你可以判断顾客是否有需要。

（2）从顾客提出的异议，你可以了解顾客对你接受的程度，从而能让你迅速地调整销售策略。

（3）从顾客提出的异议，你可以获得更多的信息。

二、顾客异议的概念

在实际销售过程中，导购员经常会听到"对不起，我很忙""抱歉，我没兴趣""价格能优惠吗？""质量能保证吗？"等被顾客用来作为拒绝购买商品的回答。因此，导购员必须做好充分的心理准备来应对顾客提出的异议。

顾客异议是指顾客针对销售人员及其在营销中的各种活动所做出的一种反应，是顾客对商品、销售人员、营销方式和交易条件发出的怀疑、抱怨，提出的否定或反对意见。

顾客异议是正常的；顾客异议说明顾客仍有合作的愿望；顾客异议是同顾客沟通、了解需求、建立联系的机会；顾客异议所指，即为兴趣所在。

任务实施

化解顾客异议主要有以下内容，如图4-2所示。

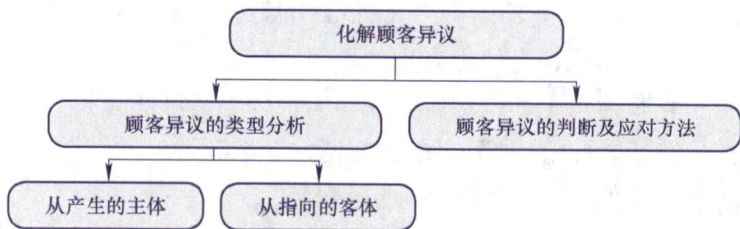

图4-2　化解顾客异议的步骤

一、顾客异议的类型分析

在销售洽谈过程中，顾客往往会提出各种各样的异议，这些异议往往是基于其自身立场产生的，其本质不具有攻击性，倘若处理失当，顾客异议就会对交易造成负面影响，从而左右销售的结果，甚至是达成交易的一大阻碍。要消除异议的负面影响，首先要识别和区分顾客异议的类型，然后采取相应的应对策略。

（1）从产生的主体来看，顾客异议主要有借口、真实的意见和偏见或成见三种情况。

1）借口，即顾客并非真正对商品不满意，而是有别的不便于说明的原因而提出异议。

2）真实的意见，即顾客对于商品存在真实的购买动机，但从自己的利益出发对商品或交易条件提出质疑和探讨。

3）偏见或成见，即顾客从主观意愿出发，提出缺乏事实根据或不合理的意见。

（2）从指向的客体来看，顾客异议主要有九种类型，如图4-3所示。

1）商品异议也称质量异议，是指顾客对商品性能、作用、质量和用途等提出不同的看法。它是属于商品方面的一种常见异议。例如在购买羽绒服时，顾客可能会说："羽绒服这几年款式变化特别快，一年一个样，你这是去年的产品，款式太陈旧。"

应对技巧：努力找出顾客需求与现有商品的差异，加强对商品知识的掌握，并了解其能为顾客带来的利益。顾客异议的处理演示见视频4-1。

图4-3 顾客异议的类型　　　　　　　视频4-1 顾客异议的处理

2）价格异议是指顾客认为商品的价格太高，不能接受，表现为讨价还价。真实的价格异议最主要的原因是想少出钱，当然也有别的原因。当顾客认为商品的价格与他所期望的有出入时，他也会提出反对意见。例如顾客在询问价格之后可能会说"这个商品的价格太高了""这个价格我们接受不了""别人的比你便宜"等。

应对技巧：向顾客传递信息，建立顾客选择标准。

3）财力异议是指顾客认为他支付不起购买产品所需的款项，也称为支付能力异议。例如："商品确实不错，可惜无钱购买""如能在资金上通融一下，我们还是很想进货的"。

应对技巧：上述异议通常是谢绝导购员推荐的借口，处理时要弄清顾客的表达是真话还是托词，并且区别对待。

4）权力异议也称为决策权力异议，是指销售人员在拜访顾客或销售洽谈中，顾客或主谈者表示无权对购买行为做出决策。这在实际营销洽谈过程中会经常遇到。例如："这个事情不属于我们管理的范围，实在很抱歉。"

应对技巧：应对方式同上例。

5）时间异议是指顾客有意拖延购买时间，说明自己将来会对该商品有需求，表示以后购买。它说明顾客不是不买，而是现在还不买这种商品。例如："我们还要再好好研究一下，然后再把结果告诉你""我们现在还有存货，等以后再说吧"。

应对技巧：积极洞悉不同顾客的消费心理，指出立即购买的好处。

6）货源异议是指顾客对商品来源于哪家企业和哪个销售人员而产生的不同看法。例如："很抱歉，这种产品我们与另一个厂有固定的供求关系"。

应对技巧：保持耐心，不要攻击对手，找出对手不具备的特点，必要时可以向顾客一步到位表明本店优惠底线。

7）需求异议是指顾客提出他根本不需要销售人员所推销的商品。可能是顾客已有或不需要该商品，也可能是顾客以此作为拒绝的借口。例如："我们对现有的产品感到很满意"。

应对技巧： 这时不是宣传商品的好时机，你得先让顾客确信他的确需要这种商品或服务。

8）服务异议是指顾客对售中、售后的服务不放心。

应对技巧： 及时向顾客做出实事求是的承诺，有条件的可以以实例相告。

9）销售人员异议是指顾客因对销售人员不信任或反感而提出的一种异议。销售人员异议属于真实的异议。

应对技巧： 销售人员要不断地提高自身素质和修养，善于运用各种营销策略与技巧来改变顾客的主观看法，同时也要提高服务质量，并向企业提出建议以改进营销工作，塑造良好的企业形象。

二、顾客异议类型表现形式的判断及应对方法

在了解顾客异议的类型之后，导购员需要对顾客异议类型的表现形式进一步判断，并有针对性地做出应对措施，见表4-1。

表4-1　几种顾客异议类型表现形式及应对方法的比较

序　号	表现形式	表现特征	应对方法
1	沉默型	顾客会沉默，甚至有些冷漠的态度	要鼓励顾客多说话，利用开放式的问题了解他对商品的看法和意见
2	借口型	顾客会说"价格太贵了""我再考虑考虑"等	通过友好的态度对顾客进行陈述，先搁置顾客的借口异议，将他们的注意力转移到其他感兴趣的项目上，一般这些借口就会消失
3	批评型	顾客会以负面的方式批评你的商品质量不好、服务不好	假如顾客是真的关心商品或服务，应该介绍目前商品的质量和服务都进行了改善提高，并且获得了认证。若是随口提一下，应打消顾客疑虑，坚定顾客信心
4	问题型	顾客会提出各式各样的问题来考验你	要对顾客的问题表示认可及欢迎，然后运用充分的知识回答顾客的问题
5	主观型	顾客对你的态度不是非常友善	尽快和顾客重新建立良好的关系，少说话，多发问，多请教，让顾客多谈谈自己的看法
6	价格型	顾客认为商品的价格太贵了	把商品分开来解说，与一些贵的商品比较，并分解价格，介绍商品时将顾客的注意力放在所获得的利益上

效果评价

【情景模拟】 某品牌饰品柜台前有三位顾客，一位顾客对价格有异议，一位顾客对促销活动有异议，一位顾客对商品质量有怀疑。导购员应该如何接待这三位顾客？

【实训要求】 学生按四人一组轮流扮演以上情景中的四个角色。扮演导购员角色时，要表现出导购员正确判断顾客异议类型并采取相应策略。根据实训结果完成表4-2。

表4-2 分析顾客异议类型实训效果评价表

考核项目	考核标准	得分
职业素养 （20分）	1. 按时出勤，课堂表现好（10分）	
	2. 仪容仪表标准（10分）	
关键能力 （55分）	1. 顾客异议要点的熟练运用（10分）	
	2. 对顾客异议的理解程度（10分）	
	3. 灵活处理顾客异议的类型（10分）	
	4. 能够迅速处理情景模拟中遇到的问题（10分）	
	5. 具有良好的口头表达能力（5分）	
	6. 具备良好的团队合作精神（5分）	
	7. 具备一定的组织协调能力（5分）	
知识技能 （25分）	1. 能够准确描述顾客异议的含义（5分）	
	2. 能够说出顾客异议的类型（5分）	
	3. 能够说出顾客异议的表现特征（5分）	
	4. 能够掌握顾客异议的应对方法（10分）	
合　计		

心得体会：

任务二　了解顾客异议产生的原因

任务引入

　　某日化用品的销售人员如约来到某女士家里，向其推销公司生产的新产品。进门后，发现女主人满脸怒容，但是销售人员没有在意，连忙进行推销："太太，您看这是我们公司最新研制、开发、生产的新产品，这是它的试用装，您先试一下看看……"还没等销售人员说完，女主人不耐烦地打断他说："先放桌子上吧，改天我试试看。"

　　销售人员感觉有眉目了，继续说："太太，我保证我们的产品质量一定很好，你现在就试试看。"

　　女主人回答："你这人怎么这么烦，多少钱一套啊。"

　　"不贵，45元，很实惠的。"

　　"这么贵啊，不要不要，你走吧。"

　　"太太，这可是套装的，你算算看……"

　　"你这人怎么搞的，我不要了，你走吧，走走走。"

销售人员一下子愣住了，不知道错在什么地方，只好灰溜溜地走了。后来才知道，他去之前，这位女士因为孩子的事情和丈夫刚刚大吵了一架。

面对此种情况，销售人员首先应该分析顾客异议产生的真正原因，然后再进行应对。

任务分析

很明显这位顾客的情绪不好。人的行为经常会受到情绪的影响。销售人员和顾客约好见面，但是顾客突然遇到不开心的事情时，就很可能提出各种异议，甚至恶意反对，借题大发牢骚。此时，销售人员需要理智和冷静，正视这类异议，做到以柔克刚，缓和气氛。反之，就可能陷入尴尬境地。

实训准备

教学设备准备：多媒体设备、洗洁精1瓶。

教学组织形式：全班学生分组，每组4～6人，以小组学习形式为主。

任务学时安排：共3学时，教师讲授2学时，学生训练1学时。

知识储备

一、顾客异议的两面性

对销售人员而言，可怕的不是异议而是没有异议，不提任何意见的顾客通常是最令人头疼的顾客。因为顾客的异议具有两面性：一是成交障碍，二是成交信号。有异议表明顾客对商品感兴趣，有异议意味着有成交的希望。销售人员通过对顾客异议的分析可以了解对方的心理，知道其为何不买，从而对症下药；而对顾客异议的满意答复，则有助于交易的成功。

日本一位推销专家说过："从事销售活动的人可以说是与拒绝打交道的人，战胜拒绝的人，才是销售成功的人。"

二、顾客产生异议的原因

在销售过程中，顾客异议的成因是多种多样的。既有必然因素，又有偶然因素；既有可控因素，又有不可控因素；既有主观因素，又有客观因素。但归纳起来主要有以下四个方面的原因。

（1）顾客自身的原因，大致有以下七种情况。

1）拒绝改变：大多数人对改变都会产生抵抗。销售人员的工作具有带给顾客改变的想法。

2）情绪处于低潮：当顾客情绪正处于低潮时，没有心情进行商谈，容易提出异议。

3）没有意愿：顾客的意愿没有被激发出来，没有能引起他的注意及兴趣。

4）无法满足客户的需要：顾客的需要不能充分被满足，因而无法认同销售人员推荐的商品。

5）预算不足：顾客预算不足会产生价格上的异议。

6）借口、推托：顾客不想花时间会谈。

7）顾客抱有隐藏的异议：顾客抱有隐藏异议时，会提出各式各样的异议。

（2）销售人员的原因，大致分以下七种类型。

1）销售人员无法赢得顾客的好感：销售人员的举止态度让顾客产生反感。

2）做了夸大不实的陈述：有的销售人员为了说服顾客，往往以不实的说辞欺骗顾客，结果带来更多的异议。

3）使用过多的专门术语：销售人员介绍商品时，若使用过于高深的专业术语，会让顾客觉得自己无法胜任使用，而提出异议。

4）事实调查不正确：销售人员引用不正确的调查资料，引起顾客的异议。

5）不当的沟通：说得太多或听得太少都无法确实把握住顾客的问题点，而产生许多的异议。

6）展示失败：展示失败会立刻遭到顾客的质疑。

7）姿态过高，处处让顾客词穷：销售人员处处说赢顾客，让顾客感觉不愉快，而提出许多主观的异议。例如不喜欢这种颜色、不喜欢这个式样。

（3）商品的原因，大致有以下四方面内容。

1）商品的质量：包括商品的性能（适用性、有效性、可靠性、方便性等）、规格、颜色、型号、外观包装等。销售人员要耐心听取顾客的异议，去伪存真，探明其真实的意图，对症下药，设法消除异议。

2）商品的价格。顾客主观上认为商品价格太高，物非所值；顾客希望通过价格异议达到其他目的；顾客无购买能力等。要解决价格异议，销售人员必须加强学习，掌握丰富的商品知识、市场知识和一定的营销技巧，提高自身的业务素质。

3）商品的品牌及包装。商品的品牌一定程度上可以代表商品的质量和特色，一般顾客都喜欢购买包装精巧、大方、美观、环保的商品。商品的包装是商品的重要组成部分，具有保护和美化商品、利于消费者识别、促进商品销售的功能，是商品竞争的重要手段之一，销售人员要能灵活处理，企业也应该重视商品的品牌创建和商品包装。

4）商品的销售服务。商品的销售服务包括商品的售前、售中和售后服务。在实际营销过程中，销售人员未能向顾客提供足够的产品信息和企业信息；没能提供顾客满意的服务；对产品的售后服务不能提供一个明确的信息或不能得到顾客的认同等。对企业来讲，销售人员为减少顾客的异议，应尽其所能，为顾客提供一流的、全方位的服务，以赢得顾客，扩大销售。

（4）企业方面的原因。在营销洽谈中，顾客的异议有时还会来源于企业。例如，企业经营管理水平低、负面事件报道、产品质量不好、不守信用、企业知名度不高等，这些因素都会影响到顾客的购买行为。顾客对企业没有好的印象，自然对企业的商品就不会有好的评价，也就不会去购买。

三、情绪ABC理论

情绪ABC理论中，A（Antecedent）指事情的前因或诱因，C（Consequence）指事情的后果或行为的结果，有前因必有后果，但是有同样的前因A，产生了不一样的后果C_1和C_2。这是因为从前因到后果之间，一定会透过一座桥梁B（Belief），这座桥梁就是信念和我们对情境的评价与解释。又因为，同一情境之下（A），不同的人的理念以及评价与解释不同（B_1和B_2），所以会得到不同结果（C_1和C_2），如图4-4所示。事物的本身并不影响人，人们只受对事物看法的影响。

通常人们会认为诱发事件A直接导致了人的情绪和行为结果C，发生了什么事就引起了什么情绪体验。然而，事实上同样一件事，对不同的人，会引起不同的情绪体验。

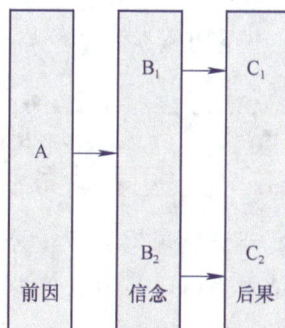

图4-4　情绪ABC理论构成图

任务实施

顾客异议原因剖析可从三个方面来进行，如图4-5所示。

剖析顾客拒绝产生的原因　→　把握顾客异议的真实意图　→　运用情绪ABC理论

图4-5　顾客异议原因剖析步骤

一、剖析顾客拒绝产生的原因

顾客的拒绝总是有理由的，销售就是一个找出顾客拒绝理由的过程。销售人员在与顾客沟通的过程中，会听到顾客各种各样的拒绝理由，虽然这些拒绝让他很头痛，但不可否认，顾客的绝大部分拒绝理由都是有一定客观依据的，如图4-6所示。

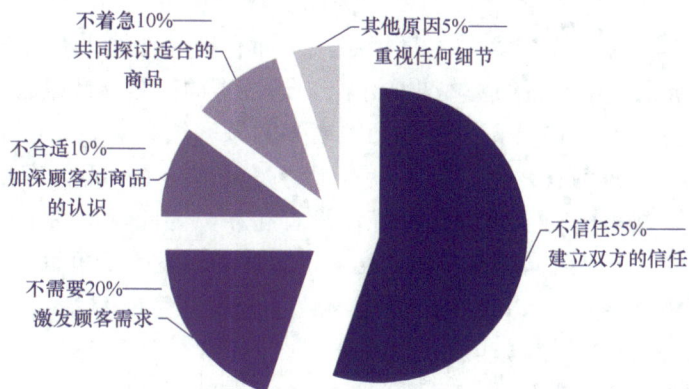

不着急10%——共同探讨适合的商品

其他原因5%——重视任何细节

不合适10%——加深顾客对商品的认识

不信任55%——建立双方的信任

不需要20%——激发顾客需求

图4-6　顾客拒绝的原因及对策

二、把握顾客异议的真实意图

每当遇到顾客异议，才算整个营销工作的真正开始。顾客提出异议是出于各种各样的理由或者借口，其中也必然隐藏着其真实原因，具体内容见表4-3。

表4-3　顾客异议真假理由辨析

序　号	顾客拒绝的借口	真 实 原 因
1	我要考虑考虑	对产品或企业不太信任
2	我的预算已经用掉了	没钱
3	我得和我的伙伴商量	需求没有得到满足
4	给我一点时间想想	自己拿不定主意
5	我从来不会因为一时冲动而做出决定，我总是将问题留给时间	有别的产品可以取代 有别的更划算的买卖
6	我还没准备上这一项目	另有打算，但是不告诉你
7	90天后再来找我，那时候我们就有准备了	不想更换原有卖出的
8	我不在意品质	想到处比价
9	现在生意不好做（不景气）	此时忙着处理其他重要的事
10	进发由总公司负责	不喜欢你或对你的商品没信心
11	你们的价位太高了	对你们的公司没有信心
12	你们的利润太低了	不信任你，对你没信心

三、运用情绪ABC理论

运用情绪ABC理论来分析顾客的不良情绪，从而有针对性地采取有效措施来应对这些不良情绪，是每个导购员应具备的基本业务水平。通过下面的具体情景来说明。

李丹是一家文具店的导购员。一天，光顾店铺的顾客很多，她正忙于接待，有位顾客问她书签架的位置。李丹回答之后，顾客没有听清楚又追问了一遍。李丹似乎有点不耐烦地再次答复了顾客。顾客觉得李丹态度不好，没有礼貌，因此就批评了李丹。李丹在忙乱之下，觉得也很委屈，于是就向顾客反驳，结果双方在店铺发生了争执。

导购员李丹与顾客交谈时，是什么原因导致了顾客产生不良情绪？根据情绪ABC理论，可以从下面的三个方面进行分析，见表4-4。

同样的事件，如果双方都能换一种看问题的方式，就会得到截然不同的结果。在大多数情况下，顾客的信念是不可控的因素，然而从导购员的立场和职业责任而言，必须时刻学会换位思考，遇到顾客异议时，要避免冲突与争执，努力化解与顾客的矛盾，做到让顾客满意而归。

表4-4　情绪ABC理论的案例分析

A事件	B信念	C结果
导购员李丹与顾客在文具店里的对话	B₁——坚持己见 李丹：我已经回答你了，你还问，烦不烦呀？ 顾客：怎么这么没礼貌，问两遍就不耐烦了？	C₁——发生争执
	B₂——换位思考 李丹：也许第一次光顾本店，顾客不知道很正常，可以理解。所以我应该耐心接待顾客 顾客：这位导购员虽然只回答了我一个问题，可她工作一天对同样的问题要回答很多遍，任何人都会烦。所以我应该谅解她	C₂——化解争执

效果评价

【情景模拟】导购员在某洗洁精专柜前向经过的三位顾客推荐某品牌洗洁精。一位顾客说："我家洗洁精还没用完，现在不用买。"另一位顾客说："我家没用过这个品牌的洗洁精。"第三位顾客说："你们的洗洁精比其他品牌贵不少啊！"请问导购员该如何接待这三位顾客。

【实训要求】学生按四人一组轮流扮演以上情景中的四个角色。扮演导购员角色时，要表现出导购员对顾客提出异议的原因分析及采取的策略。根据实训结果完成表4-5。

表4-5　分析顾客异议产生原因实训效果评价表

考核项目	考核标准	得　分
职业素养（20分）	1. 按时出勤，课堂表现好（10分）	
	2. 仪容仪表标准（10分）	
关键能力（55分）	1. 顾客异议真实理由的熟练运用（10分）	
	2. 对顾客异议原因的熟悉程度（10分）	
	3. 能运用情绪ABC理论化解顾客的不良情绪（10分）	
	4. 能够迅速处理情景模拟中遇到的问题（10分）	
	5. 具有良好的口头表达能力（5分）	
	6. 具备良好的团队合作精神（5分）	
	7. 具备一定的组织协调能力（5分）	
知识技能（25分）	1. 能够准确描述顾客异议的两面性（5分）	
	2. 能够说出顾客异议的原因（5分）	
	3. 能够说出情绪ABC理论的表现特征（5分）	
	4. 能够分辨顾客异议的真实理由（10分）	
合　　计		

心得体会：

任务三　处理顾客异议的原则

任务引入

　　一位汽车导购员正在电话里同顾客进行交谈。顾客虽然很有礼貌，但态度显得很强硬。"不，谢谢你啦！我现在不需要购买新车，如果需要的话，我自己会找汽车经销商的。去年，我经不起一个销售人员的百般劝说，就向他买了一辆车，可是还没开多长时间，那辆车就故障频发。老实对你说吧，吃亏上当只有一次，我再也不会相信你们那套了。"

任务分析

　　由于其他销售人员使用了对顾客不负责任的营销方法，使这位"吃过亏"的、有过经验教训的顾客面对其他的销售人员自然心生反感，给其他销售人员的工作带来不利影响，增加了推销阻力。销售人员对于固守购买经验与成见的顾客，应从认知的角度进行科学的分析，做好转化与耐心的解释工作，以达到有效处理顾客异议的目的。

　　在销售洽谈过程中，来自顾客方面的异议是多方面的，也是复杂的。销售人员要想处理好这一环节，就应始终站在顾客的立场上，处处为顾客着想，方能达成交易。

实训准备

　　教学设备准备：多媒体设备、5件女装外套。

　　教学组织形式：全班学生分组，每组3人，以小组学习形式为主。

　　任务学时安排：共3学时，教师讲授1学时，学生训练2学时。

知识储备

　　顾客异议无论何时产生，都是潜在的顾客拒绝推销商品的理由。销售人员必须妥善地处理顾客异议才有望取得成功。为了高效而顺利地完成这一任务，销售人员在处理顾客异议时必须遵循一些基本原则，灵活地运用一些基本的策略。

　　处理顾客异议原则是指销售人员处理顾客异议时应遵循的准则或基本规范。

　　（1）事前做好准备。"不打无准备之仗"是销售人员处理顾客异议应遵循的一个基本原则。销售人员在面对顾客之前就要将顾客可能会提出的各种异议列举出来，然后考虑应对的万全之策。在面对顾客异议时，事前有准备就可以胸中有数，从容应付；若事前无准备，就可能不知所措，或是不能给顾客一个圆满的答复，以说服顾客。

（2）选择恰当的时机。正确把握处理顾客异议的时机，有助于消除异议、分歧与误解，促成顾客购买。

1）在顾客异议尚未提出时解答。防患于未然，是消除顾客异议的最好方法。销售人员觉察到顾客会提出某种异议，最好在顾客提出之前，就主动提出来并予以解释，这样可使销售人员争取主动，先发制人，从而避免因纠正顾客看法或反驳顾客的意见而引起的不快。

2）顾客提出异议后立即回答。绝大多数情况下，顾客的异议需要立即回答。这样的话，既可以促使顾客购买，又是对顾客的尊重。

3）过一段时间再回答。有些顾客异议需要销售人员暂时保持沉默，比如顾客异议显得模棱两可、含糊其辞、让人费解；异议显然站不住脚、不攻自破；异议不是三言两语可以辩解得了的；异议超过了销售人员的谈论和能力水平；异议涉及较深的专业知识，解释不易为顾客马上理解等。销售人员此刻应努力寻求事实和证据或外部资源的支持，待确认无误后，及时予以答复。

4）不回答。许多异议不需要回答，如无法回答的奇谈怪论；容易造成争论的话题；无关主题的话；可一笑了之的戏言；异议具有不可辩驳的正确性；明知故问的发难等。销售人员不回答时可采取以下技巧：沉默；装作没听见，按自己的思路说下去；答非所问，悄悄扭转对方的话题；插科打诨幽默一番，最后不了了之。

5）争辩是销售的第一大忌。不管顾客如何批评，销售人员永远不要与顾客争辩，争辩不是说服顾客的好方法。与顾客争辩，失败的永远是销售人员。一句销售行话是：占争论的便宜越多，吃销售的亏越大。

6）销售人员要给顾客留"面子"。销售人员要尊重顾客的意见。无论顾客的意见是对是错、是深刻还是肤浅，销售人员都不能表现出轻视的表情，如不耐烦、轻蔑、走神、东张西望、绷着脸、耷拉着头等。销售人员的双眼要正视顾客，面部略带微笑，表现出全神贯注的样子。并且，销售人员不能语气生硬地对顾客说"您错了""您连这也不懂"等；也不能显得比客户知道得更多，如"让我给您解释一下……""您没搞懂我说的意思，我是说……"，这些说法明显地抬高了自己，贬低了顾客，会挫伤顾客的自尊心。

任务实施

处理顾客异议的原则可以从两个方面来进行分析，如图4-7所示。

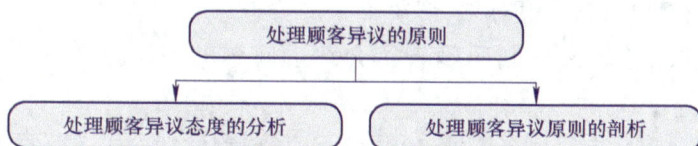

图4-7　处理顾客异议的原则分析导航图

一、处理顾客异议态度的分析

一个顾客在某商场购物，对于他购买的商品基本满意，但他发现了一个小问题，要求更换商品，但是导购员不太礼貌地拒绝了他。这时，他开始抱怨和投诉。

事实上，顾客的抱怨更多的是导购员的服务态度，而不是商品的质量。在遇到顾客异议时，导购员首先要想到这是销售的一部分，态度要端正，面带微笑，保持冷静，并友善地化解异议（见表4-6）。

表4-6 化解顾客异议的态度

序　号	处理顾客异议的态度	应 对 措 施
1	情绪放松，避免紧张	"您说得有一定道理……" "您的眼光很独到……" "您这个问题提得好……"
2	态度真诚，注意聆听	注意聆听，不加阻挠 认同异议的合理性，表示尊重，便于顾客接受相反意见
3	重述问题，证明理解	重述并征询顾客的意见 选择若干问题予以赞同
4	审慎回答，保持亲善	沉着、坦白、直爽 措辞恰当，语调缓和
5	尊重顾客，灵活应对	不可轻视或忽略顾客的异议 不可直接反驳顾客 不可直指或暗指顾客的愚昧无知
6	准备撤退，保留后路	顾客的异议不能轻易解决 适时地撤退

二、处理顾客异议原则的剖析

某顾客在商场里选购鞋子，没找到合适的码数，便询问正好路过的一名员工。该员工说他不负责这个区域，随后便走开了。

这种做法显然是不恰当的，甚至会引发顾客的不满和投诉。如果你是那名员工的上司，又将怎样化解这次顾客异议呢？

合理的解决方案如下：

（1）首先对顾客提出的问题表示感谢。

（2）安抚顾客，并对员工的错误态度进行道歉。

（3）尽可能询问清楚顾客所投诉的员工的部门或姓名等情况。

（4）如果问题比较严重，顾客坚决要求解释清楚或赔礼道歉，应迅速向该部门的管理人员和当事员工了解情况，协助问题的解决。

（5）如果问题比较轻微，则明确表示会跟进问题的解决，避免下一次再发生类似问题。

（6）如果顾客愿意，留下顾客的联系电话，并将问题处理结果及时告诉顾客。

处理顾客异议原则的步骤，如图4-8所示。

正视顾客异议	导购员认真听取并可以重复顾客的异议
准确分析顾客异议	寻求顾客异议背后的"隐藏动机"
正确回答顾客异议	回答顾客的异议应简明扼要，不要偏离正题
尊重顾客异议	体现导购员具有良好素质与修养
适时处理顾客异议	导购员要选择适当的时机回答顾客提出的异议

图4-8　处理顾客异议原则的步骤

效果评价

【情景模拟】某服装品牌专卖店里一位导购员正在向顾客介绍女装外套，顾客说："你们的服装风格不适合我，感觉太老土了，跟我个性不符！"顾客身边的朋友又说："你们这个品牌是新出来的吧，怎么以前没听过？价格还不低呐！"此时，导购员该如何处理顾客提出的异议？

【实训要求】学生按三人一组轮流扮演以上情景中的三个角色。扮演导购员角色时，要表现出导购员能按照顾客异议处理的原则对顾客提出异议采取不同的处理方法。根据实训结果完成表4-7。

表4-7　处理顾客异议的原则实训效果评价表

考核项目	考核标准	得分
职业素养（20分）	1. 按时出勤，课堂表现好（10分）	
	2. 仪容仪表标准（10分）	
关键能力（55分）	1. 对处理顾客异议的原则熟练运用（10分）	
	2. 对顾客提出异议的熟悉程度（10分）	
	3. 正确把握处理顾客异议的态度（10分）	
	4. 能够迅速处理情景模拟中遇到的问题（10分）	
	5. 具有良好的口头表达能力（5分）	
	6. 具备良好的团队合作精神（5分）	
	7. 具备一定的组织协调能力（5分）	
知识技能（25分）	1. 能够准确说出处理顾客异议原则的含义（10分）	
	2. 能够说出处理顾客异议的原则（10分）	
	3. 能够剖析处理顾客异议的原则（5分）	
合　计		

心得体会：

任务四　掌握顾客异议的处理技巧

任务引入

　　日本有位灶具销售员，在东京的一个大商场里进行推销活动，他把位置选在电梯口，用一张桌子摆上公司的新型灶具，就开始演示起来，他表演得很熟练也很精彩，把不少在商场购物的顾客都吸引过来了，不少感兴趣的顾客在询问产品的性能、特点、功能等。有位太太问到了价格，销售员回答："15万日元。"太太惊讶地说："这么贵啊！谁会来买呀？"销售员不紧不慢地说："太太，你先别嫌价格高。使用我们公司的产品，一般情况下每做一顿饭可节省20日元，一天就能节约40日元。我们产品的使用寿命是15年，算起来您能节约21.9万日元的燃气费用。而普通的灶具售价是5万日元。现多花10万日元就可以为您节约燃气费用21.9万日元。您说哪个合适？相比之下我们的价格还高吗？"

任务分析

　　在实际营销过程中，销售人员会经常遇到各种各样的顾客异议。为了进行有效的营销，销售人员既要把握原则，又要针对具体的问题，选择适当的方法、技巧，灵活、妥善地处理顾客异议。

实训准备

　　教学设备准备：多媒体设备、5款女士皮包。
　　教学组织形式：全班学生分组，每组4～6人，以小组学习形式为主。
　　任务学时安排：共3学时，教师讲授1学时，学生训练2学时。

知识储备

一、处理顾客异议的几种技巧

　　顾客异议是销售过程中的障碍，销售人员妥善地处理顾客提出的异议，应掌握以下几个技巧。

　　（1）设身处地，肯定顾客：是指销售人员要学会站在顾客的角度考虑问题，并给顾客以恰当的表扬和鼓励。例如，针对顾客提出的异议，可以这样回答："您的意见很好"或"您的观察力非常敏锐"。

（2）态度真诚，注意倾听：顾客提出异议时，要注意认真倾听，辨别异议的真伪，并发现顾客真正的疑虑所在。对顾客异议中不合理之处，不要马上予以反驳，应该耐心而又诚恳地进行引导，使他们逐渐接受正确的观点和建议。

（3）重复问题，明确异议：重述顾客的意见，既是对顾客的尊重，又可以明确所要讨论的问题。例如，"如果我没理解错的话，您的意思是……"这种讨论方式有利于与顾客进行下一步的交流，也便于顾客接受我们的观点。

（4）谨慎回答，保持沉着：面对顾客要以诚相待，措辞要恰当，说话要留余地，不能信口开河，随意给顾客无法实现的承诺。

（5）尊重客户，巧妙应对：无论什么时候，都不可轻视或忽视顾客提出的异议，也不可直白地予以反驳，否则会将顾客推向对立面。特别是有的顾客知识上的匮乏和欠缺，不可直截了当地指出，要避免伤害顾客的自尊心。

（6）准备撤退，保留后路：并非所有异议都可轻易解决，如果遇到实在无法解决的情况，应给自己留下后路，以待未来能有新的合作机会。

二、LSCPA法

有销售面谈中，有可能会遇到顾客异议，对于异议的处理，我们可以采用"有效的全程回应方法"，即LSCPA法。

L——倾听（Listen）：倾听顾客的担忧，确认真正的异议理由。

S——分担（Share）：站在顾客的角度为其分忧解难。

C——澄清（Clarify）：对于顾客的担忧加以解释，以减轻顾客的疑虑。

P——陈述（Present）：针对顾客的疑虑，提出合理建议。

A——要求（Ask）：对于提出的建议，要征求顾客的最终同意。

这种处理顾客异议的方法的优点在于：让顾客觉得受到重视，有利于在一种平和的气氛中化解异议，达成交易；避免无谓的争论，实现双赢，便于长期友好合作关系的建立。

任务实施

处理顾客异议的技巧体现在三个方面，如图4-9所示。

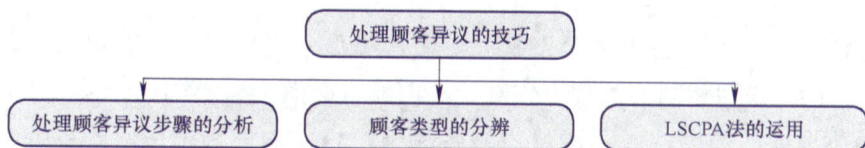

图4-9　处理顾客异议技巧导航图

一、处理顾客异议步骤的分析

■ 小案例

潜在顾客："这台跑步机的功能，好像比别的品牌的要少。"

导购员："这台跑步机是我们最新推出的产品，它具有方便拆装的特点，您平时不用时可以把它折叠起来，这样不会占用您太多的空间。"

潜在顾客："频繁地拆装，使用寿命肯定会缩短。"

导购员："请问您为什么会这么认为呢？我们的产品质量绝对是有保证的，价格也非常优惠。"

潜在顾客："呵呵，我自己猜的！"（该顾客思考了一下之后就决定购买了。）

请问导购员应该如何化解顾客的疑虑？

这个例子告诉我们，导购员若能提出一些问题，如"请问您为什么会这么认为呢"？顾客的回答也许并不是健身机占地大小的问题。在确认顾客关注的问题后，再有针对性地解答就可以了。

导购员不要怕问顾客"为什么"，而是要通过询问，让顾客自己说出来。当您问"为什么"的时候，顾客必然会做出以下反应：他必须回答自己内心的想法并提出反对意见的理由；他必须再次检视他提出的反对意见是否妥当。此时，导购员能听到顾客真实的反对原因以及明确地把握反对的项目，也能有较多的时间思考如何处理顾客的反对。

正确处理顾客异议的步骤见表4-8。

表4-8　处理顾客异议的步骤

序　号	步　骤	要　点
1	停顿	表明你在思考，让顾客感觉你在理性地考虑问题
2	重述	重述顾客的异议
3	确认	确认顾客提出的异议
4	处理	用多种方法处理异议
5	满意	最后确认顾客是否满意

二、顾客类型的分辨

在处理顾客异议时，还应善于正确分辨顾客类型。之所以顾客会提出各种各样的异议，并且针对同一事件相同的处理方式对于不同顾客必然会有不同的结果，正是因为顾客类型的差异所造成的。因此，正确分辨顾客类型，也就为恰当地应对顾客异议创造了条件。分辨顾客类型的特点及应对策略见表4-9。

表4-9　分辨顾客类型的特点及应对策略

顾客类型	特点	应对策略
表现型	说话引经据典、旁征博引，穿着时尚，开朗豁达，活泼多变，缺乏耐心	认真倾听，用眼神回应，不要打断对方，始终微笑
友善型	内向消极，谦虚冷静，沉稳随和，善于倾听，不善变革，循规蹈矩	鼓励、赞美，主动接触，善于发问，通过动作表情发现其喜好
分析型	周密矜持，柔韧拘谨，重视逻辑，精益求精，敏感、缺乏决断	始终耐心，注重逻辑，条理清晰，知识丰富
控制型	说一不二，注重效率，气势逼人，不苟言笑，坚持主见	满足其控制欲望，语气态度要谦和，恭维、赞美身上的物品，尊重其意见

思考：现实生活中的你属于哪个类型的顾客呢？理由是什么？

三、LSCPA法的运用

　　由于顾客在购买商品时总是顾虑重重，显得犹豫不决。导购员应灵活运用LSCPA法，帮助顾客打消疑虑，化解分歧，达成共识。LSCPA法的分解及应对策略见表4-10。

表4-10　LSCPA法的分解及应对策略

方　法	如何吸引顾客	应对策略	顾客的想法
L倾听	顾客对你的商品产生兴趣后，你要仔细倾听他的异议，找出真正的反对理由	"您能说得更详细些吗？" "麻烦您再解释一遍好吗？" "您的想法很有意思！" "我会尽可能地帮您找到您喜欢的东西。"	若顾客没有消除疑虑证明他担心你是否真正了解他的想法、需求
S分担	顾客需要你肯定并理解他的想法，并用你的专业知识去帮助他找到自己最满意的产品	"我也有同样的感受……" "我能看得出您的感受……" "我知道您的意思了，您是担心……" "我知道这种时候会有很多困难……"	顾客在想："他是否真能理解我的感受呢？真的像他说的那样吗？"
C澄清	顾客会说出自己真正担心的是什么，或者你的陈述让他产生误解，这时你就要加以澄清	"如果我没理解错的话，您是担心……是吗？" "从另外一个角度看，这个问题是……" "您先别急，听我给您解释一下好吗？"	顾客在想："能够站在我的角度考虑问题，真的不错哦！"
P陈述	得到顾客确认后，你应该拿出一个合理的方案或建议进行详细陈述	"我有一个建议，不知您觉得是否可行。" "既然都很有诚意，您看是否可以各退一步呢？" "另外一种可能性就是……" "关于这个问题，您看我们是否可以……"	顾客在想："听完导购员的陈述，我的心里基本上是有底了。"
A要求	当你提出的建议方案让客户动心了并准备让步时，要重视顾客的意见并让他自己做出选择	"您也是这么想的，是吗？看来真是英雄所见略同！" "您觉得哪个方案更适合您呢？" "您是觉得这种方案更好，是吗？你真是好眼力！" "您更愿意选择哪种方式呢？"	顾客做出决定后，也不好意思再提出什么要求了。你就等着成交吧！

效果评价

【情景模拟】某皮包专卖店里导购员向顾客介绍女士皮包，顾客说："你这个皮包的设计和颜色都非常好，令人耳目一新，只可惜，这个皮的品质不是最好的。"顾客身边的朋友又说："对啊！材质不够好，背出去很没面子！"请问，导购员该如何处理顾客提出的异议？

【实训要求】学生按三人一组轮流扮演以上情景中的三个角色。扮演导购员角色时，要表现出导购员针对顾客的异议采取合适的处理策略。根据实训结果完成表4-11。

表4-11　处理顾客异议技巧实训效果评价表

考 核 项 目	考 核 标 准	得 分
职业素养 （20分）	1. 按时出勤，课堂表现好（10分）	
	2. 仪容仪表标准（10分）	
关键能力 （55分）	1. LSCPA法的熟练运用（10分）	
	2. 对顾客的熟悉程度（10分）	
	3. 能运用LSCPA法处理顾客异议（10分）	
	4. 能够迅速处理情景模拟中遇到的问题（10分）	
	5. 具有良好的口头表达能力（5分）	
	6. 具备良好的团队合作精神（5分）	
	7. 具备一定的组织协调能力（5分）	
知识技能 （25分）	1. 能够准确描述LSCPA法的内容（5分）	
	2. 能够说出顾客类型（5分）	
	3. 能够说出处理顾客异议的技巧（5分）	
	4. 能够掌握不同类型顾客的特点（10分）	
	合　　计	

心得体会：

项目总结

在销售洽谈过程中，顾客往往会提出各种各样的异议，并且这些异议自始至终地存在于营销过程中。这既是整个营销过程中的一种正常现象，又是使营销接近成交时的主要障碍。因此，每当遇到顾客异议，才算整个营销工作的真正开始。

正确对待并妥善处理顾客所提出的异议，是现代销售人员必须具备的能力。导购员应当首先正确分析顾客异议的类型，并针对不同类型，把握处理时机，采取不同的技巧，灵活加以应对，才能消除异议，促成交易。

　　顾客提出异议的理由有很多，但只要你耐心倾听，总可以觉察出其真实原因，并有针对性地进行应对。无论顾客拒绝的理由是什么，永远不要忘记换位思考，尊重和理解顾客，不要强求。即使顾客最终未能成交，导购员的热情接待和良好服务也给顾客留下了深刻的印象，为将来的成功打下了基础。

　　因为顾客异议的发生具有一定的规律性，导购员可以事先揣摩顾客异议并预先处理。顾客的异议并非那么棘手，只要选择恰当的时机进行灵活应对，顾客的每一个异议都是让销售人员迈向成功的阶梯，每当化解了顾客的一个异议，就向成功迈进了一步。

　　正确的处理顾客异议能帮助导购员提高工作业绩。但对顾客异议要坚持积极的态度，才能使导购员面对顾客异议时保持冷静、沉稳，才能辨别顾客异议的真伪，才能从顾客异议中发掘顾客的需求，才能把每一次顾客异议转换成每一个销售机会。因此，销售人员训练处理顾客异议的能力时，不但要注重技巧，同时也要形成在面对顾客异议时的正确态度。

教学建议

　　开展本项目教学时，建议教师在讲解过程中通过情景模拟，以课堂演练的方式，鼓励学生积极参与，提高其创新能力。建议教师授课为6学时，给予学生6学时的课堂训练。在训练过程中，教师须进行操作要点及注意事项的强调，可进行分组实训，开展小组竞赛活动，组织学生将理论知识运用到实践之中，并运用观察法学习导购员处理顾客异议的能力和技巧。

　　建议学生在学习本项目时，注意对基本理论知识的学习和准备，并注重对顾客异议处理能力的训练，认真对待实训，对不容易理解和操作易出错的地方须进行强化训练。

项目五

促成交易—— 提高成交率

项目简介

本项目以促成交易流程为主线，主要学习和训练导购员在处理异议后，如何激发顾客的购买欲望，捕捉成交信号，抓住最佳时机促成交易，并巧用附加推销提高成交率，如图5-1所示。

项目要求

熟练掌握导购员促成交易流程；对促成交易操作流程各个环节进行模拟训练，掌握促成交易的方法和技巧：能够准确抓住顾客需求，真诚地面对顾客，激发顾客的购买欲望；及时并准确捕捉成交信号，并灵活应对顾客的提问；掌握最佳成交时机，运用各种成交方法和技巧，促成交易；巧妙运用附加推销提高业绩。

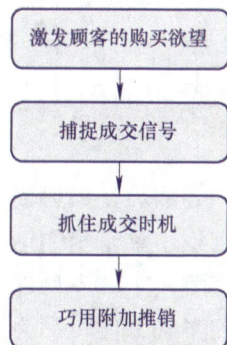

```
激发顾客的购买欲望
      ↓
   捕捉成交信号
      ↓
   抓住成交时机
      ↓
   巧用附加推销
```

图5-1　促成交易流程

能力点

➢ 能判断各种成交信号并灵活应对。
➢ 能运用各种成交方法促使顾客完成交易。
➢ 能灵活运用各种附加推销技巧。

思政教育

商品的价值在于满足顾客的需要。优秀的珠宝专柜销售人员会真诚地对待顾客，并不会为获得更高的销售提成而一味向顾客推荐高价格产品，而是根据顾客的预算、偏好、特征、使用场合等推荐价位、款式适合的首饰，可以大大提高成交率。一段时间后，顾客还可能再次进行回购，还可能介绍朋友来进行购买，这使得该销售人员的回头客越来越多，店长也颇为满意。结合本项目中的"激发顾客的购买欲望""巧用附加推销"任务，加强社会主义核心价值观"敬业、诚信"教育，秉持诚信待人、实事求是的原则，学会换位思考，树立与顾客做朋友并保持长期合作关系的基本意识。

任务一　激发顾客的购买欲望

任务引入

春节前夕，一对夫妇在服装商场的拐角处看到橱窗模特披着一件非常好看的毛皮大衣，两人进入店铺驻足欣赏，妻子抚摸着那漂亮的大衣毛皮，还抓住袖口查看价格标签。这时，一位女导购员走过来观察了一下那位女士，说道……

导购员该如何促使这对夫妇下定决心购买这件昂贵的毛皮大衣？

任务分析

导购员在销售商品或服务的过程中，达成交易是最重要的目的。如果导购员在整个销售过程中勤奋努力地工作，比如进行生动说明与演示商品，正确地处理了顾客异议，帮助顾客解决了许多问题，但是最后顾客还是没有做出购买商品或服务的决定，那么导购员之前的辛勤工作将不会带来任何经济效益。

实训准备

教学设备准备： 多媒体教室、5款洗面奶。

教学组织形式： 将学生按2人分成一个小组，以小组学习为主。

任务学时安排： 共2学时，教师讲授1学时，学生训练1学时。

知识储备

一、顾客的成交障碍

顾客的成交障碍主要是顾客对购买决定的修正、推迟和避免行为。在成交阶段，顾客常常受其风险意识的影响，修正、推迟已做出的购买决定，或者避免做出购买决定，从而使导购员的努力付诸东流。顾客在成交阶段的障碍和担忧主要来自以下几个方面。

（1）信任担忧。在顾客心目中，总认为买的不如卖的精明，在成交时对商品和导购员会疑虑重重。喜欢说"是不是真的？""有你说的这么神奇吗？""万一上当了怎么办？"等，这时需要导购员做出及时肯定与保证，如图5-2所示。

图5-2　顾客的信任担忧

（2）货币损失担忧。顾客担心在付款后不能得到预期的购买利益。越是掌握信息少、收入水平低、购买风险大、收入来源不稳定的顾客，担心的程度越高。导购员应站在顾客的立场，耐心、诚恳地引导顾客，减轻其忧虑。

（3）机会损失担忧。顾客总是希望以更少的货币去购买更多的让自己最满意的商品，担心由于购买了导购员介绍的商品而丧失了购买其他更好商品的机会。导购员应根据实际情况帮助顾客找出其最需要的商品，才能赢得顾客的心。

（4）后果担忧。顾客在购买商品和服务后，对其他人（上级、同事、朋友及家人等）会有什么样的看法而担忧。比如某位女顾客一向习惯穿职业装，看中了一件很漂亮的裙子，虽然很适合自己，但是因为裙子很短又露背，担心周围人议论而迟迟无法做出购买决定。

在顾客的潜意识里，因为无法确定购买行动的后果如何，在顾客看来似乎都存在一定程度的风险，风险的大小由投入购买成本的大小、商品属性的不确定程度和顾客的自信程度而定。购买成本越大，了解商品属性越困难，顾客自信程度越低，顾客的风险意识也就越强。

为了降低或回避风险，顾客很自然地要修正、推迟和避免购买决定，从而导致交易难以达成。为降低顾客的风险意识，导购员必须要有耐心、具备专业的知识，熟悉顾客的心理才能排除成交障碍。

二、导购员应克服的心理和行为障碍

导购员在促成交易的过程中心理与行为不正确、治谈不充分、技巧不熟练等都会直接导致交易最终无法进行。主要表现在以下几个方面。

（1）畏难心理。导购员对成交的困难估计过高，总是担心无法成交。这种不自信的态度常使导购员不能表现出正常的工作能力，导致错误的处理方式，也可能使导购员害怕成交失败，不敢主动采取促成交易的行动。

（2）急于成交。导购员过早地要求顾客采取购买行动也是导致成交失败的重要原因之一。这种急躁情绪可能使顾客感到不被尊重，可能使顾客厌恶导购员，还可能使顾客对商品产生不必要的疑虑和戒心。

（3）不恰当的态度。导购员看到顾客准备采取购买行动时，表现出过于兴奋和激动的表情，引起顾客的怀疑和抵触，使即将成交的营销过程不得不重新回到起点。

（4）成交方法不恰当。促成交易是整个营销过程中最具挑战性的环节，需要导购员掌握一定的策略与技巧。只有根据具体的环境，有针对性地运用恰当的成交策略与技巧，才能顺利达成交易。而不恰当的成交方法，往往会断送即将达成的交易。

任务实施

激发顾客的购买欲望的任务流程，如图5-3所示。

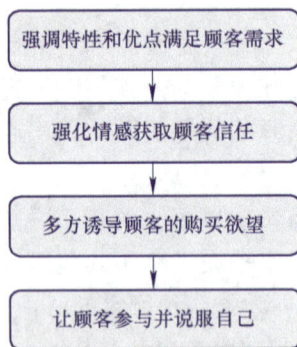

图5-3　激发顾客的购买欲望流程图

一、强调特性和优点满足顾客需求

证明商品的特性和优点能满足顾客最主要、最迫切的需求，才能抓住顾客的心。

（1）导购员要清楚商品能满足顾客哪方面的需求，以及顾客为什么对商品感兴趣。顾客的需求是激起购买欲望的心理基础，介绍并证明商品的优点能满足其需求，就可以抓住顾客的心。

（2）概括商品优点，突出特定功效。导购员必须事先了解商品的优缺点，不要临时发挥，在介绍时可以把所有产品的优点写在双方都可以看到的大纸上；同时采用产品演示法增加顾客的购买欲望。

二、强化情感获取顾客信任

顾客的购买欲望大多来自情感因素，导购员真诚地接待顾客，顾客才能在情感上相信导购员和商品。

■ 小故事

　　乔·吉拉德被誉为世界上最伟大的销售员，他在15年中卖出13 001辆汽车，并创下一年卖出1 425辆（平均每天4辆）的纪录，这个成绩被收入《吉尼斯世界大全》。那么你想知道他成功的秘密吗？他讲过这样一个故事：

　　曾经有一位中年妇女走进吉拉德的汽车展销室，说她想在这儿看看车打发一会儿时间。闲谈中，她告诉吉拉德，她想买一辆白色的福特车，就像她表姐开的那辆，但对面车行的销售员让她过一小会儿再去，所以她就先来吉拉德这里看看。"今天是我55岁生日。"她还说，打算送给自己一份生日礼物。

　　"祝您生日快乐，夫人。"吉拉德一边说，一边请她进来随便看看，接着出去安排了一下，然后回来对她说："夫人，您喜欢白色车，既然您现在有时间，我给您介绍一下我们这款双门跑车——也是白色的。"他们正谈着，助手走了进来，递给吉拉德一打玫瑰花。吉拉德把花送给那位妇女："祝您长寿！尊敬的夫人。"显然她很感动，眼眶都湿了。"已经很久没有人给我送礼物了。"她说，"刚才对面那位销售员一定看我开了辆旧车，以为我买不起新车，我刚要看车他却说要去收一笔款，于是我就上这儿来等他。其实我只是想要一辆白色车而已，只不过表姐的车是福特，所以我也想买福特。现在想想，不买福特也可以。"

　　最后她在吉拉德那里买走了一辆白色雪佛兰跑车，并填写了张全额支票，其实从头到尾吉拉德的言语中都没有劝她放弃购买福特而买雪佛兰的话语。只是因为她在吉拉德这里感受到了真诚，于是放弃了原来的打算，转而选择了吉拉德的商品，如图5-4所示。

图5-4　用真诚打动顾客

唯有真诚，才能取信于人，才能赢得订单。

三、多方诱导顾客的购买欲望

（1）利用第三方的力量来说服顾客。引用第三方的评价会使顾客产生客观真实感，在一定程度上消除戒心，认为购买的商品可以信赖。最有说服力的是顾客身边某位值得信任的人对目标商品的评价，他的意见将带来意想不到的效果。要注意的是，向顾客提到的人，一定要是顾客熟悉或者具有权威、值得信赖的人。

（2）强调最后机会。为了迎合顾客的求利心理，企业推出的促销政策大部分都有一定的时间限制。导购员就要巧妙利用促销政策的时间限制，从侧面向顾客施加购买压力。一般人都害怕失去机会，就是利用顾客的这一心理，促使顾客有紧迫感，从而坚定顾客购买的决心。

（3）大谈将来。导购员在介绍商品过程中，可以和顾客一起去憧憬购买商品后种种美好的情景和得到的好处。应尽量避免与顾客讨论"现在"，因为"现在"顾客正在承受着购买决策的心理压力。"将来"的一切美好才是促使顾客下决心购买的动力。

（4）适时沉默。如果导购员在前一个阶段提供足够多的购买理由和例证，那么是足以帮助顾客下决心购买的。当顾客心理压力大时，就应该留一点时间让顾客有一个思考衡量的过程。这时不要再说太多的话，做太多的事，只需要静静地等待顾客做出决策。

顾客用于思考是否现在就购买的时间，称之为"成交前的最后沉默"。就是这么短短的一两分钟时间，就决定了导购员之前的工作是大功告成还是前功尽弃。给顾客思考的时间越长，成交失败的风险就越大。因此在给顾客一两分钟的思考时间后，导购员要及时提出成交请求。如何打破这个时间同样存在技巧，千万不能操之过急，欲速则不达。

■ 小故事

美国寿险推销员保罗讲过一则趣事："我曾访问一个来自南非的出租车司机，这位司机坚定认为我绝对没有必要去向他推销人寿保险。当时，他肯会见我，只是因为我有部录像机可随时播放彩色录像带——而这正是他最感兴趣的。"这盘录像带是介绍人寿保险的，并且在片尾提了一个问题：它将为您及您的家人做些什么？看完影片，双方都沉默不语。两分钟后，这位出租车司机经过一番激烈的心理斗争，终于对保罗说："现在还可以参加这种保险吗？"结果，他签了每年1万美元保费的人寿保险合同。

四、让顾客参与并说服自己

顾客花费在销售中的时间越久、精力越多，越易于购买。因此，导购员应较早地让顾客参与其中，如商品试用、效果体验等活动，促使顾客尽早采取购买行为。

效果评价

【情景模拟】一位顾客在某化妆品专卖店了解洁面产品，导购员介绍了各款洁面产品的特点，并根据顾客的皮肤推荐给适合她用的洁面产品，她很满意，但什么话也不说。这时导购员应该如何打破沉默，促使她购买？

【实训要求】学生按两人一组轮流扮演以上情景中的角色。扮演导购员角色时，要表现出导购员激发顾客购买欲望的策略。根据实训结果完成表5-1。

表5-1　激发顾客的购买欲望效果评价表

考核项目	考核标准	得分
职业素养（20分）	1. 按时出勤，课堂表现好（10分）	
	2. 仪容仪表标准（10分）	
关键能力（55分）	1. 良好的心理承受力和敏捷的应变力（10分）	
	2. 敏锐的观察力和判断力（10分）	
	3. 良好的人际沟通、协调能力（10分）	
	4. 分析解决问题的能力（10分）	
	5. 具有良好的倾听能力（5分）	
	6. 具备良好的语言肢体表达力（5分）	
	7. 较强的团队合作意识（5分）	
知识技能（25分）	1. 能够准确描述顾客在成交时的障碍和担忧（5分）	
	2. 能够说出导购员应克服的心理和行为障碍（5分）	
	3. 能够说出促进顾客购买的流程（5分）	
	4. 能够灵活运用促进顾客购买的技巧（10分）	
合　计		

心得体会：

任务二　捕捉成交信号

任务引入

一位笔记本电脑导购员接待一位公司经理。导购员推荐和介绍了某品牌最新款的笔记本电脑，并拿出商品向这位经理做了演示。这位经理接过笔记本电脑在手上摆弄了半天，很喜欢。过了一会儿，这位经理说："我有几本名片簿，要把这些名片信息录入这台电脑记事本中，需要多长时间？"请问这位经理的话意味着什么？

任务分析

在实际销售工作中，顾客为了保证自己取得心理上的优势，一般不会首先提出成交，更不愿主动、明确地提出成交。但是顾客的购买意向总会通过各种方式表现出来。对于导购员而言，必须善于观察顾客的言行，捕捉各种购买信号，及时促成交易。

实训准备

教学设备准备：多媒体教室、5部手机。
教学组织形式：将学生按3人分成一个小组，以小组学习为主。
任务学时安排：共2学时，教师讲授1学时，学生训练1学时。

知识储备

一、成交信号的概念

成交信号是指顾客在语言、表情、行为等方面所显露出来的打算购买的一切暗示或提示。善于捕捉成交信号是成功的导购员应该具备的重要能力之一。

二、成交信号的分类

（1）语言信号。即顾客通过询问使用方法、价格、保养方法、使用注意事项、售后服务、支付方式、新旧产品比较、竞争对手的产品及市场评价、说出"喜欢"和"的确能解决我这个困扰"等话语表露出来的购买信号。

（2）行为信号。由于人们的行为习惯，经常会有意无意地从动作和行为上透露出一些对成交比较有价值的信息。例如，一位女士在大热天，穿着皮衣在试衣镜前，足足忙活了一刻钟。她走来走去的样子好像是在进行时装表演；而当她脱下皮衣时，双手忍不住又去抚摸皮毛。显而易见，这位女士的行为表达出强烈的购买信号。

（3）表情信号。从顾客的面部表情和体态中所表现出来的一种购买信号，如微笑，下意识地点头表示赞同、对商品表示关注等。

任务实施

捕捉成交信号的技巧包含三个方面的内容，如图5-5所示（视频演示见视频5-1）。

视频5-1　捕捉成交信号

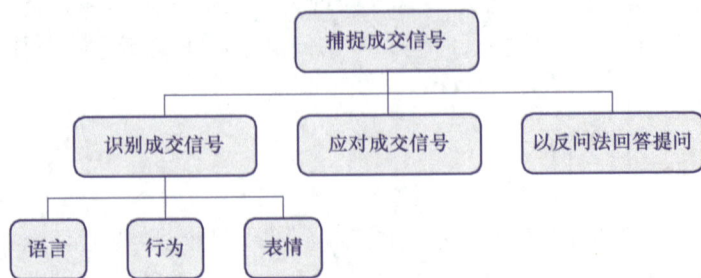

图5-5　捕捉成交信号的技巧

一、识别成交信号

优秀的导购员善于从顾客的语言、行为和表情细节中捕捉成交信号，从而推动顾客向交易达成环节迈进。

（1）以下几种情况都属于顾客做出购买决定的语言信号。

1）顾客对商品给予一定的肯定或称赞。

2）征求别人的意见或者看法。

3）询问交易方式、交货时间和付款条件。

4）详细了解商品的具体情况，包括商品的特点、使用方法、价格等。

5）对产品质量及加工过程提出质疑。

6）了解售后服务事项，如安装、维修、退换等。

7）询问团购是否可以优惠，这是顾客在变相地试探商品的价格底线。

8）声称认识老板的某人，或者是某位熟人介绍的。

语言信号种类很多，导购员必须具体情况具体分析，准确捕捉语言信号，顺利促成交易。

（2）当顾客有以下行为信号发生的时候，导购员应立即抓住良机，勇敢、果断地去试探、引导客户签单。

1）反复阅读文件和说明书。

2）认真观看资料，并点头称是。

3）查看、询问商品细节。

4）要求导购员展示样品，并亲手触摸、试用产品等。

通过观察顾客的行为，可以发现许多顾客发出的购买信号，因此作为一名合格的导购员应尽力邀请顾客成为参与者，而不是旁观者。在上述情况下，通过细心观察，就会很容易发现顾客的购买信号。比如，当顾客一次次触动按钮、抚摸商品或围着产品看个不停的时候，如果导购员能捕捉到这些购买信号，再稍做努力就可以成交了。

（3）表情信号主要体现在顾客的面部表情之中，并配合语言、行动的细节，共同展现其购买信号。

1）目光集中到商品、广告或商品说明书。

2）露出微笑。

3）目光凝视商品并默默进行盘算。

4）态度"由阴转晴"。

二、应对成交信号

当顾客的言行表露出成交信号时，导购员应及时把握机会，灵活运用应对技巧，促成交易。

信号1：当导购员将商品的有关细节和付款方法说明之后，顾客表现出认真的神情。

应对技巧：导购员及时地以亲切的口吻说："先生，您要不先试试看？"然后静静地等待顾客的回答。如果顾客还有其他异议，就应继续设法打消其疑虑。

信号2：听完有关商品的介绍后，顾客间可能会彼此相望，动一动眉毛，或者眼神里传递"你的意见怎么样"，当出现这种表情时，表示顾客在征求他人的同意。

应对技巧： 导购员可以说："请试试吧！"这时，他的太太可能会说："你看呢？我想就按你的意思办吧。"出现这种状况时，导购员不妨谈些别的话题，最好的话题是围绕他太太展开。"先生，像您二位这样，真是夫妻相敬如宾的典范。现在既然太太已发表过意见了，您就照办吧！"这种说话技巧，不但会逗人发笑，也会让太太感兴趣，重新把太太引到交易中来，这是接待伉俪顾客的一种技巧。如果是一群顾客到来时，应牢记不但不能冷落其中任何一人，还要尽量避免他们之间谈论商品，否则交易很有可能会失败。

信号3：顾客倚在沙发上，或是看着同伴，显示出无所谓的神情，或是满脸的困惑。

应对技巧： 主动上前走近顾客说："请试用一下吧！"这种接近顾客的方式，可以产生"认同感"的效果。在顾客决定购买时，便可能以这种"认同感"为参考依据。即顾客已把身旁的导购员当成好友看待了，有这种"认同感"相助，交易岂有不成之理！

信号4：当商品介绍结束后，场面可能会出现短暂的沉默。

应对技巧： 不要等顾客有过多思考和犹豫的机会，立即把商品拿到顾客眼前说："请试用一下吧！"

信号5：有些顾客会显示出较为异常的举动来，如舔嘴唇、两手紧握、眉头紧锁等。此时若贸然要求成交，很有可能会遭到拒绝！

应对技巧： 把顾客想做的事代为说出，也就是要抢先说："请试用一下吧!"

信号6：若顾客反复询问："这车子的时速最快可达多少公里？"此时，顾客不仅已对商品发生兴趣，同时也意味着准备购买了。

应对技巧： 不但要回答顾客的问题，还要看着顾客的眼睛说："请试驾一下吧！"

信号7：有些顾客的眼神流露出信赖、肯定、赞同、兴奋；有些顾客口若悬河，积极参加讨论；另一些顾客则镇定自若，专心倾听，只偶尔询问一下付款方式。这些表现都表示顾客对商品有浓厚的兴趣，已准备购买了。

应对技巧： 决不可轻易放过，导购员应主动要求成交："我帮您包起来？"

三、以反问法回答提问

在促成交易时，导购员要善于使用反问句回答顾客的提问，见表5-2。

表5-2　以反问法回答提问

顾客的提问	导购员的回答
价格是多少？	您要买多少？
提供哪些赠品？	您想要哪种赠品？
什么时候有活动？	您想要什么活动？
我应该买哪个型号呢？	您有什么特殊要求吗？
能否分期付款？	您能接受分期付款的费用吗？
我要买多少才能获得优惠？	您打算买多少？
有某型号的现货吗？	那是您最喜欢的一种型号吗？

效果评价

【情景模拟】某手机柜台前导购员向顾客介绍手机。一位顾客问："我还从来没有用过这个品牌，那些使用过的客户感觉怎么样？"另一位顾客也问道："你们这个品牌的手机是全国联保吗？如果有问题找你们还是找售后服务站？"请问导购员该如何应对顾客的询问。

【实训要求】学生按三人一组轮流扮演以上情景中的角色。要求扮演导购员角色时，表现出导购员对成交信号的捕捉。根据实训结果完成表5-3。

表5-3　捕捉成交信号实训效果评价表

考核项目	考核标准	得　分
职业素养 （20分）	1. 按时出勤，课堂表现好（10分）	
	2. 仪容仪表标准（10分）	
关键能力 （55分）	1. 良好的随机应变能力（10分）	
	2. 善于察言观色（10分）	
	3. 良好的人际沟通能力（10分）	
	4. 对顾客心理的洞察力（10分）	
	5. 具有良好的倾听能力（5分）	
	6. 具有良好的语言肢体表达力（5分）	
	7. 具有良好的团队合作能力（5分）	
知识技能 （25分）	1. 能够准确描述成交信号的含义（3分）	
	2. 能够识别各种成交信号（8分）	
	3. 能够灵活应对各种成交信号（10分）	
	4. 能够运用反问法回答顾客提问（4分）	
合　计		

心得体会：

任务三　抓住成交时机

任务引入

"好看！"导购员小红看着试穿衣服后的顾客，赞赏地说道，"款式挺好，尤其是那个领子，有种不对称的美，还有扣子很精致，是这款服装专用的扣子。"

"颜色也很好。"小红继续说，"浅浅的灰色有点发亮，时尚而不失稳重，素雅中透着前卫，配上您的气质，啧啧，真是锦上添花！"

"是吗？"顾客喜滋滋地问道。

"是呀，就像是为您量身定做的！"

"哪有你说得那样！"顾客的脸上堆满了笑容。

"我帮您包起来？"

"真要买啊？"顾客还有些犹豫。

"当然！"小红说，"您能容忍如此适合您的服装穿在别人身上吗？"

"那好吧，就是它了！"

小红是如何让顾客产生购买行为的？在什么情况下与顾客成交的？

任务分析

导购员经过之前的努力，开始进入与顾客成交的阶段。优秀的导购员能遵循一定成功的方法和步骤，及时与顾客达成交易。

实训准备

教学设备准备：多媒体教室、运动服上衣3件。

教学组织形式：将学生按5人分成一个小组，以小组学习为主。

任务学时安排：共2学时，教师讲授1学时，学生训练1学时。

知识储备

一、选择成交时机的重要性

顾客做出购买决定的时机具有不稳定的特点，不仅易受外界因素干扰，而且顾客自身也容易受到心理因素影响。

（1）顾客的购买意图易受外界因素影响。如果在顾客产生成交意图时出现了其他事情，使顾客情绪有了变化，可能导购员前面的工作都会前功尽弃，因此导购员必须抓紧时机促使顾客购买。

（2）顾客选择需要一定的压力。顾客在选购商品时有各种各样的担忧和顾虑，在还没有拿定主意的情况下，若导购员发出购买询问，顾客一般会随时准备反抗，也可能会提出更多异议与导购员周旋，或者立即表示中断交易。这就需要导购员能准确地把握成交的节奏。

（3）顾客不会轻易表态。成交是顾客对于导购员与商品的一种肯定的表态。这种表态是导购员一系列工作的目标，也是顾客长时间进行心理活动的结果，是对交易活动的总结。所以，顾客不会轻易地表态。

二、保持积极的心态

在商品经济繁荣的今天，市场竞争也日趋激烈。积极乐观的心态是一名优秀导购员必备的基本素质。

（1）将顾客的拒绝当作潜在的成交机会。很多导购员遇到顾客的拒绝时，难免灰心丧气而放弃交易。实际上，有时候顾客的拒绝也存在成交的机会。因此，导购员不要将顾客的拒绝理解为交易失败，而是将顾客的拒绝当作一次潜在的成交机会，这也是对自己的一种考验。

（2）正确对待失败。导购员应以积极、坦然的态度对待交易失败，真正做到不气馁。有些导购员在经历了几次失败之后，担心失败的心理会愈发严重，以至于产生心理上的恶性循环。实际上，即使是最优秀的导购员，也不可能使每一次销售洽谈都能够赢得最后的成交。在销售活动中，真正达成交易的只是少数。应该正视这一事实，不怕失败，坦然接受销售活动可能产生的不同结果。

（3）保留一定的成交余地。即使某次销售未能达成交易，导购员也要为顾客留下一定的余地，希望日后还有成交的机会。因为顾客的需求总是在不断地变化的，他今天不接受你的商品，并不意味着他永远不接受。一次销售未果之后，如果留下一张名片和产品目录，并对顾客说："如果有一天您需要什么的话，请随时与我联系，我很乐意为您服务。在价格和服务上，还可以为您争取更优惠的条件。"此举能够帮导购员与顾客建立进一步的联系，从而获得许多长期的业务。

任务实施

抓住成交时机的任务包括两个方面的内容，如图5-6所示。

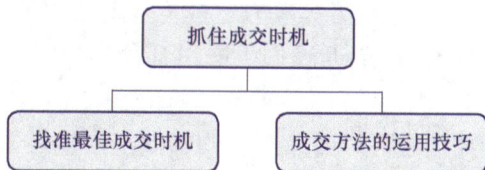

图5-6　抓住成交时机流程图

一、找准最佳成交时机

销售工作最终的目标是完成交易，导购员必须要了解何时向顾客提出成交的请求。

适合向顾客提出成交的时机就是在最佳成交时机。这就要依靠导购员敏锐的洞察力和把握能力。在销售的过程中，导购员始终都要非常专注，把握顾客的一举一动，尤其是在以下几种情况下所表现出来的肢体语言。

（1）顾客心情非常快乐时。当顾客心情非常快乐、轻松时，导购员适时提出成交要求，成交的概率会很大。例如，"任务引入"设置的情景中，当顾客看到镜子中漂亮的自己非常高兴时，导购员要抓住这样的大好时机主动要求成交。此时，顾客的心情就非常轻松并愿意购买。

（2）介绍完商品说明后。当导购员进行完商品说明和介绍之后，就抓住时机，积极询问顾客需要产品的型号、数量、颜色、外表特征等关键信息，这时提出的请求是成交的一个好时机。

（3）解释完反对意见后。顾客有反对意见很正常，当顾客提出反对意见时，导购员就要开始向顾客解释。之后要征求顾客意见，询问顾客是否完全了解商品说明，是否需要做进一步补充。当顾客认可导购员的解释时，要抓住这一有利时机，询问顾客会选择何种商品。

（4）当顾客表示对商品非常有兴趣时。

（5）顾客对某一销售要点表示赞许之后。

（6）在顾客仔细研究商品、商品说明书、试用商品等情况时。

抓住成交时机演示见视频5-2。

视频5-2　抓住成交时机

二、成交方法的运用技巧

所谓成交方法是指导购员用来促成顾客做出购买决定，最终促使顾客购买商品的营销方法与技巧。在实际营销实践中，经过国外营销学家和优秀的导购员对成交过程进行的大量研究，发现了成交活动的一些基本规律，并总结出以下几种成交的方法。

1. 请求成交法

请求成交法，又称为直接成交法，是指导购员向顾客主动提出成交的要求，直接要求顾客购买销售的商品的方法。这是一种最基本、最常用的成交方法。

（1）使用请求成交法的时机主要有三种情况。

1）老客户。对于老顾客，因为买卖双方已建立了较好的业务关系，运用此法时，顾客一般不会拒绝。例如："老张，最近我们生产出几种新口味的冰淇淋，您再进些货，很好销的！"

2）顾客已发出购买信号。顾客对商品产生购买欲望，但还未拿定主意或不愿主动提出成交时，导购员宜采用请求成交法。

> **职场技巧**
>
> 一位顾客对导购员推荐的空调很感兴趣，反复地询问空调的能耗、性能、质量和价格等问题，但又迟迟不做出购买决定。这时导购员可以用请求成交法。"这种空调是新产品，比较先进。现在厂家正在进行促销活动，可以享受8折的优惠价格。如果这时买下，您还会享受长达五年的免费质保，免除您的后顾之忧。"

3）在解除顾客存在的重大成交障碍后。当导购员尽力解决了顾客的问题和要求后，是顾客感到较为满意的时刻，导购员可趁机采用请求成交法，促成交易。

"您已经知道这种电热水器并没有您提到的问题，而且它的安全性能更好，您不妨就买这一型号的。我替您挑一台，好吗？"

（2）运用请求成交法应注意的两个问题。首先要求导购员具备较强的观察能力。因为请求成交法要求导购员主动提出成交要求，所以导购员必须尽量引导顾客，使洽谈局面朝着成交的方向发展。其次要把握好成交的时机。在成交的过程中，成交时机是导购员最不易把握的因素。选择适当的时机要求成交，会令顾客自然、顺利地接受。反之，在时机不成熟时要求成交，则会导致顾客的回避甚至反感而错过了成交机会。

2. 假定成交法

假定成交法，又称假设成交法，是指导购员在假定顾客已经接受推销建议，同意购买的基础上，通过提出一些具体的成交问题，直接要求顾客购买商品的一种方法。

采用此种方法来促成交易，要求导购员始终有这样的信念：准顾客将要购买，而且也一定会购买，通过了解顾客确实有这种购买需要，也有购买能力，既然是对双方都受益的事情，准顾客就没有理由放弃这样的机会，对自己也充满了必胜的信心。导购员不仅要有这样的念头，而且应通过言谈举止、神态表情显示出来，并密切注意顾客所发出的购买信号，以及时地、主动地提出成交的请求，如果顾客不表示反对，交易就可达成。

假定成交法的优点是节省营销时间，效率高。它可以将销售提示转化为购买提示，适当减轻顾客的成交压力，促成交易。

假定成交法也有一定的局限性。这种方法以导购员的主观假定为基础，不利于顾客做出自由选择，甚至会令其产生反感情绪，破坏成交气氛，不利于成交。所以，在使用这种方法时，要注意下列几点：

（1）应适时地使用假定成交法。一般只有在发现成交信号，确信顾客有购买意向时才能使用这种方法，否则会弄巧成拙。

（2）应有针对性地使用假定成交法。使用这种方法时，导购员要善于分析顾客。一般地说，依赖性强、性格比较随和的顾客以及老顾客，可以采用这种方法。但对那些自我意识强、比较自信的顾客，则不应使用这种方法。

3. 选择成交法

选择成交法，是指导购员向顾客提供两种或两种以上购买选择范围，并促使顾客在有效成交范围能进行成交方案选择的一种成交方法。顾客不仅是在买与不买之间选择，而且在商品不同的数量、规格、颜色、包装、样式、交货日期等方面做出选择，使顾客无论做出何种选择，最终的结局都是成交。

导购员："以车身的颜色来说，您喜欢灰色的还是黑色的？"

顾　客："嗯，如果从颜色上来看，我倒是喜欢黑色的。"

导购员："不错！现在最流行的就是黑色的！那么，您是明天还是后天来提车呢？"

顾　客："既然要买，就越快越好吧！"

经过这样一番话，顾客等于说要买了，这样很快就达成了交易。

这就是选择成交法。事实上，如果顾客给你上述答复，就明确表示他已告诉你他要购买的商品了；如果他迟疑片刻后向你表示他尚未作最后的决定时，你也没有半点损失，仍然可以继续提出其他方式进行销售工作。

选择成交法的优点就在于既调动了顾客决策的积极性，又控制了顾客决策的范围。选择成交法的要点是使顾客避开"要还是不要"的问题，转而让顾客回答"要A还是要B"的问题。

这种方法能否成功的关键在于，导购员能否正确地分析和确定顾客的真正需求，提出适当的选择方案。提出了与顾客需求相符选择方案，有助于顾客购买，有利于顺利成交。选择方案不宜过多，否则会使顾客拿不定主意。

4. 小点成交法

小点成交法，又称为次要问题成交法或避重就轻成交法，是导购员通过次要问题的解决来促成交易的一种成交法。小点是指次要的、较小的成交问题。

从顾客购买心理的角度来看，购买者对重大的购买决策往往心理压力较大，较为慎重，担心有风险而造成重大损失，导致难以决断，特别是成交金额较大的交易。而顾客在进行较小的成交决策时，心理压力较小，会较为轻松地接受导购员的推荐，比进行较大的交易决策要容易。小点成交法正是利用了顾客这一心理活动规律，避免直接提出重大的、顾客比较谨慎的成交问题。

在销售过程中，先让准顾客做出对商品有关"小点"方面的决策，再就"大点"方面达成共识，从而促成交易实现。运用小点成交法应注意以下几个问题。

（1）应针对顾客的购买动机，选择适当的成交小点。

（2）应避免直接提出顾客比较敏感的重大决策问题。

（3）必须认真处理顾客的异议，不能故意回避顾客所提出的有关购买的重大问题。

在实际销售过程中，导购员应审时度势，根据顾客特点合理运用小点成交法。

5. 从众成交法

从众成交法，是指导购员利用顾客的从众心理，促使顾客立即购买商品的一种成交方法。顾客在购买商品时，不仅会按照自身需求来选购商品，而且也要考虑社会上对此商品的行为规范和审美观念，甚至在某些时候不得不屈从于社会的压力而放弃自身的爱好，以符合大多数人的消费行为。

从众成交法主要适合于销售比较时尚的商品，并且要求顾客具有从众心理。如果商品的流行性差、号召力不强，又遇到自我意识较强的顾客，就不宜采用此种成交方法来达成交易。

> **职场技巧**
>
> 　　导购员对顾客说："王经理，这种冷热饮水器目前在一些大城市非常流行，特别适合大公司的办公室使用，既方便、实用，又能增添办公室的豪华气派和现代感。像与贵公司齐名的大宇公司、中天公司的办公室里都换上了这种饮水器。"

在具体运用这一方法时应注意以下问题：

（1）导购员必须针对顾客的从众心理动机，选择和使用具有一定影响力的基本顾客或中心顾客作为参照对象。

（2）导购员必须讲究职业道德，不能利用虚假的成交气氛欺骗顾客。

（3）要将这一方法与有关的广告宣传相结合，以提高企业及其产品知名度，扩大社会影响，进而吸引大批从众顾客。

6. 小狗成交法

小狗成交法，又称试用促成法，是导购员请求顾客试用少量包装的商品，比如请求顾客购买远比正常包装要小得多的数量，先行试用，以减少风险，如果顾客试用后对商品感到满意的话，以后就会更大量地购买。这就是先使用、后付款的小狗成交法。有统计表明，如果准顾客能够在实际承诺购买之前先行拥有该商品，则交易的成功率将会大大增加。

试用的商品有时候是免费赠送的，有时候是先试用满意后再付款等，应根据具体情景来灵活运用。运用小狗成交法时应注意以下几点：

（1）导购员应相信顾客，允许顾客在试用不满意时退还产品而不必承担任何责任。

（2）在顾客试用期间，应帮助顾客总结使用心得，指导顾客科学合理地使用产品。

（3）顾客有疑虑的时候，随时帮他解决。

7. 机会成交法

机会成交法，也叫无选择成交法、唯一成交法或最后机会成交法。利用顾客怕失去机会的心理，向其施加压力，增强推销的说服力和感染力，比如网购平台比较流行的秒杀、满就送、限时抢购等营销手段。

效果评价

【情景模拟】某运动品牌专柜前有两组顾客，一组顾客是两位在校大学生，另一组是一对母女。请问导购员面对正在挑选商品的顾客应该怎样抓住时机成交？

【实训要求】学生按五人一组轮流扮演以上情景中的角色。扮演导购员角色时，要表现出导购员对成交时机的把握。根据实训结果完成表5-4。

表5-4　抓住成交时机实训效果评价表

考核项目	考核标准	得分
职业素养（20分）	1. 按时出勤，课堂表现好（10分）	
	2. 仪容仪表标准（10分）	
关键能力（55分）	1. 敏锐的观察力（10分）	
	2. 良好的沟通协调能力（10分）	
	3. 分析解决问题的能力（10分）	
	4. 良好语言表达能力（10分）	
	5. 具有良好的倾听能力（5分）	
	6. 具备良好的团队合作精神（5分）	
	7. 良好的心理素质（5分）	
知识技能（25分）	1. 能够说出成交的最佳时机（8分）	
	2. 能够树立良好的心态面对拒绝和失败（7分）	
	3. 能够灵活运用常用的成交法（10分）	
合　计		

心得体会：

任务四　巧用附加推销

任务引入

　　一个小伙子应聘营销员。老板看他比较机灵，决定让他先干一天再说。下班时老板问他做了几单业务。"一单。"年轻人回答。"只有一单？"老板比较恼火，"有没有搞错？别的销售员每天可有五六单！"又问："多少销售额？"年轻人回答："300万元。"

　　"你卖什么卖出那么多钱？"老板目瞪口呆，半晌才回过神。

　　"是这样的，"年轻人说，"一位男士来买东西，我先卖给他一个小号的鱼钩，然后是中号的鱼钩，最后是大号的鱼钩；接着，我卖给他小号的渔线，中号的渔线，最后是大号的渔线；接着我卖给他渔竿、鱼篓、折叠椅、太阳帽。我问他上哪儿钓鱼，他说去海边。我建议他买条船，所以我带他到卖船的专柜，卖给他一艘6米长有两个发动机的纵帆船。他说他的轿车可能拖不动这么大的船。于是我又带他到汽车销售区，卖给他一辆新款豪华越野车。"

　　老板难以置信地问道："一个顾客仅仅买个鱼钩，你竟能卖给他这么多东西？"

　　"不是的，"年轻销售员回答，"他问明天天气怎么样。我就告诉他明天天气很好，又是周末，为什么不去钓鱼呢？"

任务分析

附加推销的重要性在于它可以让企业在经营位置不变、营业面积不变、甚至同样的成本下创造出更好的销售业绩，即使面对顾客稀少的情况，仍能够挖掘出更大的购买潜力，达成业绩指标。

实训准备

教学设备准备：多媒体教室，外套3件、裤子3条。

教学组织形式：将学生按3人分成一个小组，以小组学习为主。

任务学时安排：共2学时，教师讲授1学时，学生训练1学时。

知识储备

一、附加推销的概念

附加推销是指在导购员确定一次成交后，通过导购员进一步地发现和挖掘顾客需求并成功说服顾客的再一次销售行为。

二、附加推销的意义

附加推销对个人而言，有利于提高收入，增加升职机会；对公司而言，有利于提升店铺的销售业绩，加快公司资金和商品的周转率，提升市场占有率，促进公司快速发展；对顾客而言，能满足顾客的衍生需求，为顾客提供更全面的服务，甚至为顾客节约时间、精力和金钱。

三、影响附加推销的因素

从导购员方面而言，不愿意或者不敢再次向顾客推销产品；对产品知识了解有限；缺乏附加推销的技巧和方法。

从顾客方面而言，有的顾客不存在衍生需求，有的顾客比较有独立主见等客观因素。

任务实施

附加推销的任务包含三个方面的内容，如图5-7所示。

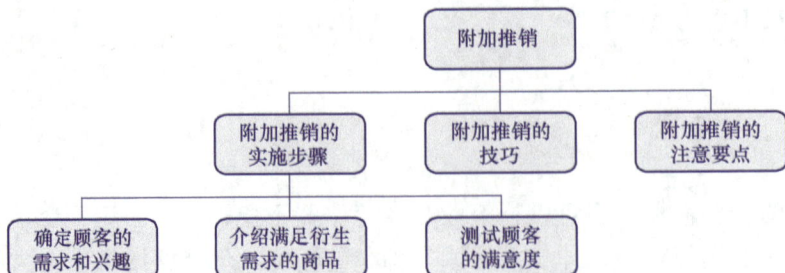

图5-7　附加推销的主要内容

一、附加推销的实施步骤

为了展示附加推销的实施步骤，模拟以下场景：顾客正在试衣间试穿一款职业装，导购员根据对顾客的观察选了其他与顾客的需求和兴趣相关的商品来到试衣间外。

首先，确定顾客的需求和兴趣。

"小姐，您好！我拿来了一些与您喜欢风格相近但又很特别的大衣。"

其次，推荐那些能够满足顾客衍生需求或者兴趣的商品，并介绍商品特色卖点，以增强说服力。

"这款大衣将使您在工作场合看上去特别干练而又不失女人味，配上你这身套装，也十分合适参加晚上的商务场合，而且它对于其他的商务场合都很合适。"

最后，根据顾客的反应进行方案调整，以确定顾客的满意度。

"穿上试试吧？"

"你觉得怎么样？"

■ 议一议

寒冷的冬季，店铺新上了很多款漂亮的大衣，顾客走进店铺，径直走向其中的几款大衣。导购员迎上前去接待。

导购员甲："小姐，您好！我们新到了几款大衣，您请这边看看。"

导购员乙："小姐，您好！您的气质真好，我们新到的一款大衣特别适合您。"

讨论一下哪位导购员做得更好？2人一组，1人扮演顾客，1人扮演导购员模拟演练。

二、附加推销的技巧

导购员在销售商品的过程中，存在很多附加推销的机会。因此，导购员应掌握技巧，向顾客进行附加推销。

（1）寻找互搭互配。主动、热情、迅速为顾客进行搭配，如果顾客选中的是毛衣，导购员可以向其推荐外套、裤装或裙子，还可以为她搭配上精致的毛衣链。

（2）利用促销，不失时机。当公司有促销活动时，诸如满200送50、买2送1等。这是促进顾客连带消费的重要措施，导购员应不失时机地利用促销机会，用兴奋的语气提醒顾客，激发其购买需求。

（3）多为顾客去补零。当你为顾客找那些零钱时，顾客可能还嫌麻烦，可以尝试着推销小配件。

比如，当顾客买了288元的衣服时，是不是就请他直接去付款呢？这个时候可以顺带说一句："先生，您的衣服是288元，再看看我们的棉袜，质量很不错，只要12元一双，共300元整。"

（4）朋友、同伴不忽略。当目标顾客和朋友（同伴）一起购物时，在商品推荐和介绍的过程中，无视顾客同伴的感受是不明智的。聪明的导购员不但懂得迎合其同伴的喜好，在合适的时机也鼓励他（她）也试一试，这样做不仅能够获得其同伴对店铺和商品的肯定，也在培养潜在顾客，更能有效地提高附加推销的成功率。

当顾客对商品爱不释手时，可以告诉顾客："给家人朋友也顺便捎带几件，现在是特价优惠，机会很难得。"

（5）勤展示多备选。不要向顾客只展示一件产品，"展示三件，卖出两件"的原则是多年以来实践的经验总结。当导购员能够做到向一位顾客展示三件商品，那么很有可能就可以卖出两件，那么业绩也将翻一倍。

三、附加推销的注意要点

尽管附加推销的机会很多，但是导购员在向顾客推荐商品时也应注意以下几点问题。

（1）在销售服务过程中，开展附加推销是为了带给顾客更大的增值和好处，满足顾客进一步的需求。

（2）多给顾客正面及有价值的建议，学做顾客的顾问，为顾客提供更丰富的选择、更明智的配搭建议和更多的实惠。

（3）当你向顾客推荐商品时，永远用最快的速度把具体的货品展示给顾客，多借助商品的搭配效果，而不是停留在空洞的解说上，尽可能通过实物展示给顾客最生动的体验，有助于销售每一件产品。

（4）永远把握销售的尺度，不要给顾客一种导购员急于求成，只感兴趣做一单大生意的印象。当你在花时间介绍每一件附带商品来满足顾客的衍生需求之前，请首先给他一个貌似合理的理由。要让顾客感觉你是从他的切身利益出发的。

（5）多向顾客展示商品可以增加业绩，但不要就此停止不前，继续介绍直到顾客的每一种需求都被满足。附加推销不仅满足了顾客的多种需要，更重要的是它增加了销售机会。

效果评价

【情景模拟】某休闲品牌专卖店开展促销活动，购物满1000元直接享受5.5折优惠，满

800元立减300元，满500元立减100元。一位男顾客已经买了一条售价299元的裤子；一位女顾客已经购买了一件售价369元的外套。请问导购员如何向这两位顾客进行附加推销？

【实训要求】 学生按三人一组轮流扮演以上情景中的三个角色。扮演导购员角色时，要表现出导购员对附加推销技能的掌握。根据实训结果完成表5-5。

表5-5　巧用附加推销实训效果评价表

考 核 项 目	考 核 标 准	得　分
职业素养 （20分）	1. 按时出勤，课堂表现好（10分）	
	2. 仪容仪表标准（10分）	
关键能力 （55分）	1. 对顾客心理的洞察力（10分）	
	2. 善于赞美顾客（10分）	
	3. 良好的沟通能力（10分）	
	4. 灵活的应变能力（10分）	
	5. 具有良好的倾听能力（5分）	
	6. 具备良好的心态（5分）	
	7. 良好的团队精神（5分）	
知识技能 （25分）	1. 能够理解附加推销及其重要性（5分）	
	2. 能够说出影响附加推销的因素（5分）	
	3. 能够掌握附加推销的步骤（5分）	
	4. 能够灵活运用附加推销的技巧（10分）	
合　　计		

心得体会：

项目总结

本项目主要有四个任务，它们分别是激发顾客的购买欲望、捕捉成交信号、抓住成交时机和巧用附加推销。

任务一，激发顾客的购买欲望。要完成这个任务首先需要了解顾客在成交中的障碍和担忧，其次导购员应学会如何克服自身心理和行为障碍；做好了这些准备工作后，最后按照促进顾客购买流程进行练习。

任务二，捕捉成交信号。首先需要了解成交信号有哪些，然后学会识别各种成交信号，并应掌握如何应对这些成交信号，以及利用反问法回答顾客的提问。

任务三，抓住成交时机。需要明白什么时候是成交的最佳时机，导购员应保持良好的心态去面对拒绝和失败，并灵活运用成交的方法和技巧。

任务四，巧用附加推销。应首先了解附加推销的含义及意义，掌握附加推销的技巧和方法。

教学建议

　　本项目主要是成交技巧和方法的运用，需要锻炼学生的观察力和灵活的沟通与应对能力。在开展教学时，建议教师授课为4学时，给予学生5课时的课堂练习，可采取分小组模拟演练，然后每组上台表演，其他同学根据演练情况，指出其合理之处和存在的问题，最后由教师小结。若有条件，鼓励学生参加社会实践活动，然后在课堂上分享收获。

　　建议学生在学习本项目时注意对基本理论知识的学习和准备，并注重对成交时机的把握和成交技巧的训练，认真对待实训，对不易理解和操作容易出错的地方进行强化训练。

项目六
售后服务——为顾客的再次光临做好铺垫

项目简介

本项目以售后服务流程为主线，主要学习和训练导购员在售后服务过程中，如何处理顾客投诉、退换货等问题以及如何跟踪回访以留住顾客、并发展其成为忠诚顾客，如图6-1所示。

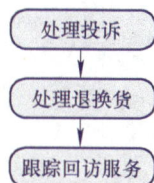

处理投诉

↓

处理退换货

↓

跟踪回访服务

图6-1 售后服务流程图

项目要求

熟练掌握导购员售后服务流程；对售后服务操作流程各个环节进行模拟训练，掌握售后服务的基本技巧：能够以积极的心态接待投诉顾客，灵活处理顾客投诉问题；面对退换货的顾客，准确判断是否符合条件，并积极协助解决退换货问题；积极主动跟踪回访顾客，及时了解并反馈顾客的意见，与顾客成为朋友。

能力点

➢ 能运用合适的方法处理顾客投诉。
➢ 能依据法律法规处理顾客退换货。
➢ 能灵活运用各种技巧跟踪回访服务顾客。

思政教育

一位顾客来到某服装专柜，声称T恤不好看要退货，销售人员马上为顾客办理了退货手续，全程只花了20分钟时间。原来为了树立企业良好形象，提高服务质量，商家始终秉持"践行退换货制度，服务顾客每一天"的经营原则，严格落实退换货制度，保护消费者的知情权、选择权，以服务消费者为宗旨，赢得消费者的青睐。结合本项目的"处理投诉""处理退换货"等任务，加强社会主义核心价值观教育，特别是法治教育，如知晓《中华人民共和国产品质量法》《中华人民共和国消费者权益保护法》《部分商品修理、更换、退货责任规定》《部分国产家用电器"三包"规定》等法律法规，树立依法依规处理顾客投诉、退换货意识。

任务一 处理投诉

任务引入

小李是世界百货超市生鲜区的一名导购员，8月的一天早晨，他正在整理商品，一位打扮时尚的女士怒气冲冲地将一盒猪肝重重地摔向冷柜，怒视着小李，责问道："你们这儿卖的什么东西！昨天来买的时候说是如何新鲜，今天早上就变臭了。真是浪费我的时间，早知道就不在这儿买了！"如果你是小李，你该如何来面对这位女士？

任务分析

小李所面临的是导购员经常会遇到的问题——顾客投诉，即顾客对企业产品质量或服务不满意，而提出的书面或口头上的异议、抗议、索赔和要求解决问题等行为。据美国汽车业的调查显示，一位满意的顾客会引起8笔潜在生意，其中至少有1笔成交；一位不满意的顾客会影响25个人的购买意愿；争取一位新顾客所花的成本是留住一位老顾客所花成本的6倍。因此顾客投诉问题处理得好与坏直接关系着顾客是否满意以及企业的交易成本，也会直接影响导购员的业绩和影响力。

实训准备

教学设备准备：多媒体教室、3件毛衣。

教学组织形式：将学生按3人分成一个小组，以小组学习为主。

任务学时安排：共2学时，教师讲授1学时，学生训练1学时。

知识储备

一、顾客投诉的原因

顾客投诉是因为顾客的期望没有得到满足。顾客投诉从内容上来分，主要有产品质量和服务质量的投诉。

1. 顾客投诉的常见类型

（1）产品质量无法满足顾客。如果商品在出售时，因为商品的品质不合格、商品标示不清楚，或者导购员对产品性能和使用方法介绍不详细或缺乏介绍，导致商品使用时出现了问题，顾客会产生投诉行为。

（2）服务无法达到顾客的要求。

1）导购员的服务方式欠佳。接待慢、搞错排队顺序、缺乏语言技巧、不理会顾客需求和偏好、相关商品知识不足、不愿将柜台或货架上陈列的精美商品让顾客挑选、担心顾客弄坏商品、售后服务送货不守时或送错货、不遵守约定等都会是顾客投诉的导火索。

2）导购员的服务态度欠佳。营业中只顾聊天，而忽略了对顾客的招呼；紧跟顾客，一味鼓励其购买，顾客不买时板起面孔，甚至恶语相向、瞧不起顾客，言语中流露出轻蔑的口气；表现出对顾客的不信任，顾客正挑选商品时表现出不耐烦，甚至冷嘲热讽等。

3）导购员自身的不良行为。导购员对自身工作流露出厌倦和不满情绪，导购员对其他顾客进行议论和评价，导购员衣着不整洁、浓妆艳抹、举止粗俗、纪律性差，导购员之间发生争吵、互相不满、互相拆台等均会让顾客不满。

（3）商品的价格不合理。如果商品在售卖时，商品的价格不一、模糊标价、虚假标价、模糊赠售等，会让顾客感到上当受骗，从而产生投诉行为。

2. 顾客投诉的心理分析

（1）寻求宣泄的心理。顾客正当的需求没有得到满足或未受到公正的对待而产生的挫折感，转而向导购员发泄怒气，以寻求情感宣泄。

（2）寻求补偿的心理。顾客的怨气宣泄之后激动情绪得到缓解，他们要维护其合法的权益。一般情况下，顾客因受损失而投诉，除对物质损失要求补偿外，更多的是情绪的宣泄，以求得心理平衡。

（3）寻求尊重的心理。顾客自尊心受到伤害，很难修复，一旦因此发生投诉，经常会要求当事人或管理人员当面认错并赔礼道歉，以挽回其尊严。

二、树立正确的服务观念

树立正确的服务观念就要重视顾客的投诉。当顾客不满意时，他可以说出来，也可以选择不再有业务来往。如果顾客拂袖而去，企业连消除他们不满的机会都没有。投诉的顾客仍给予企业以弥补的机会，他们极可能下次还会光顾。

（1）顾客至上。顾客是企业生命之泉。如果把企业比作一个大家庭，那么每位员工是大家庭中的一员，没有顾客就没有企业，而大家庭中的成员也将不存在。所以导购员应将顾客视作自己的衣食父母，顾客有什么需求，在力所能及的范围内应当尽量满足。

（2）欢迎顾客投诉。顾客的投诉可怕吗？是的，因为据统计，当投诉得不到解决时，81%的顾客不再回来了。但是，从另一方面来说，处理顾客投诉是建立顾客忠诚的最好契机。在100位感到不满的顾客中，最多只有两位会花时间和精力来向公司服务人员抱怨。顾客愿意提出意见，使企业有机会提供弥补的机会，以挽留顾客，是企业的幸运。

顾客说出心中的不满后，如果我们积极地处理问题，那么顾客仍有被挽留的可能，否则顾客将不声不响地流失掉。可事实上绝大部分的顾客不愿意主动来投诉，所以鼓励顾客投诉就变得特别重要。

（3）以顾客为中心。站在顾客的角度，设身处地感受他们的心情，想象他们与你所提供的服务共度的每一分钟。你给顾客带来了哪些好的感受、哪些不好的感受，尽早去除负面的不好的感受。

三、有效解决顾客投诉的原则

正确处理顾客投诉，总的原则是"先处理情感，后处理事件"。和情景案例中的那位女士一样，顾客投诉时的心情是非常糟糕的，他们的不满需要得到宣泄，如果在接待的过程中忽略了他们的心情，直接就事件划清责任，只会火上浇油，无法解决问题。

（1）耐心倾听顾客的抱怨。顾客在投诉时满肚子委屈，情绪不稳定，多数是发泄性的，只有认真听取顾客的抱怨，才能发现投诉的原因。先任由顾客去说，导购员需要做的就是认真聆听并做笔记。顾客把肚子里的话说完后，情绪也就慢慢趋于稳定。

（2）站在顾客的角度理解其感情。切忌漠视顾客的感受，应该站在顾客的角度思考问题，将心比心、诚心诚意地去表示理解和同情，承认过失。因此，对所有的顾客投诉的处理，无论孰是孰非，都不是先分清责任，而是先表示道歉，这才是最重要的。

（3）承担责任，隔离当事人。导购员面对顾客的投诉和不满情绪时，首先向顾客道歉，并表示愿意承担责任："谢谢您告诉我这件事情，很抱歉耽误了您，我们一定会帮您解决这个问题。如果您不介意，请您谈谈事情的经过，好吗？"表明这种态度之后，顾客的怨气就已经消了一半了。

另外，一旦遇到顾客投诉，要尽量做到"两个隔离"：一是迅速将投诉顾客与现场的其他顾客隔离开来，以免顾客之间相互影响；二是让当事人双方隔离开来，避免事态进一步恶化。将顾客带到办公区，请顾客坐下来再进行处理，这样一方面尊重顾客，同时也实现了有效的"当事人隔离"。

（4）高效地处理问题。理解顾客而不采取行动是前功尽弃。与其不断道歉，不如了解顾客的真实需求来得更实际。因此在处理顾客投诉时应立即付诸行动，不能单纯地同情和理解，要迅速地给出解决方案。

（5）衷心地感谢顾客。不管是企业，还是导购员，都要在一次服务完成后对顾客表示感谢。原因是：他们提供了一些对企业有帮助的信息，并且及时地指出了企业的不足或需要改进的地方，给予了企业改正和弥补的机会。这对导购员个人、企业而言是一笔宝贵的财富。

任务实施

顾客投诉处理的任务流程图，如图6-2所示。

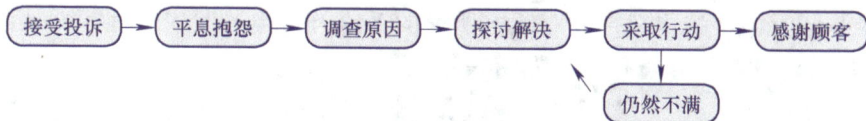

图6-2 顾客投诉处理流程图

一、接受投诉

企业和导购员在遇到顾客投诉时，首先应考虑为顾客投诉提供便利条件，其中的第一步就体现在接受投诉上。

（1）迅速处理，绝不拖延。避免因为正在接待新顾客而将投诉的老顾客晾在一边，如图6-3所示漫画中的顾客半年前就已经投诉了电扇质量的问题，而一直等到半年后天都下雪了才来上门维修。

（2）微笑着面对顾客，时刻留意自己的情绪，不要被对方所影响。俗话说"伸手不打笑脸人"，相信像图6-4中的导购员那样露出灿烂的笑容，顾客的怒火也会消停一半。

图6-3 拖延处理投诉

图6-4 笑迎顾客

（3）如果在营业场所，尽量将投诉顾客与现场顾客"隔离"，避免影响其他顾客，可将投诉顾客带到贵宾室或休息区，让顾客的情绪得到缓解。

（4）遇到情绪特别激动的顾客，为了避免问题升级，我们可以找一个有经验、有能力的同事或主管来替换，会让顾客有种备受尊重的感觉，有利于问题圆满解决。

> **职场技巧**
>
> 女顾客：你们这是卖的什么东西！昨天来买的时候说是如何新鲜，今天早上就变臭了。真是浪费我的时间，早知道就不在这儿买了！
>
> 导购员：顾客您好，发生这种事情真是糟糕！不过您别着急，只要是我们的责任，我们一定会负责到底的。您到这边喝杯水休息一下（与现场隔离），我们再来了解一下具体状况。请问您怎么称呼？

二、平息抱怨

平息顾客的抱怨是解决好投诉问题的前提。导购员应注意相关的技巧和处理方式。

（1）耐心倾听顾客的抱怨，并对顾客所说的话给予适当的回应，理解并认同顾客，适时地点头，以关注的眼神看着顾客，如图6-5所示。

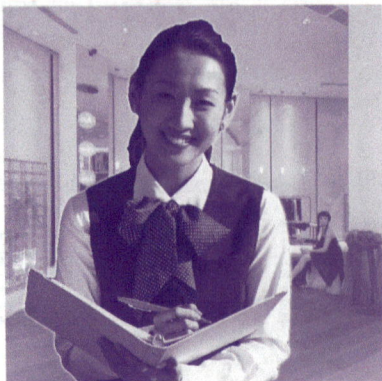

图6-5　倾听顾客的意见

（2）认真记录，一方面对顾客表示尊重，对他的投诉表示重视；另一方面为处理问题留下线索。

（3）尽量不要讨论事件，首先应安抚顾客，在顾客诉说的过程中有不明白的地方，一定要询问清楚，确保投诉的真实性。

（4）对顾客提到的重点问题复述一遍，以确认顾客的需求，以便化解投诉。

三、调查原因

给顾客一个宣泄不满和委屈的机会；分散顾客心中积压的不满情绪；待顾客情绪稳定之后，善用提问，可以一点一点地还原事实和顾客的真实想法。

> **职场技巧**
>
> 导购员：张小姐，您的购物小票带了吗？（留意小票，判断是否在本店购买，时间是否属实）
>
> 导购员：（从小票上得知购买时间）您是昨天下午2点钟购买的，然后将猪肝放进了车的后备厢，对吗？购买后您去了趟公司，大概多久？
>
> 女顾客：是的。忘了，反正没多久。
>
> 导购员：您回家大概几点呢？
>
> 女顾客：下午4点多钟。
>
> 导购员：您将猪肝是放在冷冻室还是冷藏室呢？
>
> 女顾客：冷藏室。
>
> 导购员：张小姐，如果我没理解错的话，您是说您在昨天下午2点钟在我们这里购买了猪肝，放进了车的后备厢，然后去了趟公司，回来下午4点多钟时将猪肝放进冰箱冷藏室，今天早上就变臭了，是这样吗？
>
> 女顾客：是的。

四、探讨解决

了解顾客想要解决问题的方案；提出我们可能提供的解决方式的建议。

> **职场技巧**
>
> 导购员：张小姐，我明白了，新鲜猪肝必须在0～1℃保存才能保证品质，因此猪肝在购买后必须马上放进冷藏室才能保鲜。您看昨天的平均气温是40℃，您又是在昨天天气最热的时候将猪肝放进了车的后备厢2个多小时，后备厢的温度可能更高。在您回到家的时候，猪肝在高温中可能已经变质，才出现早上您见到的那一幕。我们商品的品质一直都很过硬，可能在您购买的时候没有及时告诉您正确的保存方法，给您带来了不便，真对不起！

五、采取行动

体谅顾客的痛苦不能空有承诺，迟迟没有行动，而是要迅速地给出解决问题的方案；在自己的职权范围内，按公司政策提出解决方法。

> **职场技巧**
>
> 女顾客：（反而不好意思了）……
> 导购员：张小姐，这是昨天您购买猪肝的钱，现在退还给您。另外，这是我们今天刚到的新鲜猪肝，送给您回去尝尝，口感真的很不错。
> 女顾客：好的，谢谢！

六、感谢顾客

再次为给顾客带来的不便和损失表示真诚的歉意；感谢顾客对企业的信任和惠顾；向顾客表决心，让顾客知道企业和导购员会努力改进工作。

> **职场技巧**
>
> 导购员：感谢您一直对我们的支持和信赖，我们会努力改进工作的，欢迎您提出宝贵的意见！
> 女顾客：（满意地微笑着点头离去）

另外，在投诉处理后还应及时联系顾客，询问商品用得如何，及时跟踪服务，维护企业形象。

效果评价

【情景模拟】某服装品牌专柜有一顾客前来投诉，购买的毛衣按照要求洗涤还是掉色，现在将毛衣拿过来投诉。请问导购员如何处理顾客的投诉？

【实训要求】学生按三人一组轮流扮演以上情景中的角色，其中一位可扮演店长。扮演导购员角色时，要表现出导购员对顾客投诉处理的技巧。根据实训结果完成表6-1。

表6-1　投诉的处理实训效果评价表

考核项目	考核标准	得分
职业素养 （20分）	1. 按时出勤，课堂表现好（10分）	
	2. 仪容仪表标准（10分）	
关键能力 （55分）	1. 积极的心态（应变力、承受力、自控力）（10分）	
	2. 客户至上的服务观念、对商品的熟悉程度（10分）	
	3. 良好的人际关系和沟通协调能力（10分）	
	4. 思维敏捷，具备对顾客心理活动的洞察力（10分）	
	5. 良好的倾听能力（5分）	
	6. 良好的语言表达能力（5分）	
	7. 分析解决问题能力（5分）	
知识技能 （25分）	1. 能够说出顾客投诉的类别和原因（5分）	
	2. 能够说出顾客投诉的服务观念（5分）	
	3. 能够说出顾客投诉的原则（5分）	
	4. 能运用合适的方法处理顾客投诉（10分）	
合　　计		

心得体会：

任务二　处理退换货

任务引入

　　小王是某超市生鲜区的一名导购员。一天早晨，他正在整理商品，一位八十多岁的老奶奶，手里端着一个锅，对小王说："这是我昨天在你们这儿买的肉，在煮的时候发现不是很新鲜，现在要求你们把钱退给我！"小王一看锅里煮熟的肉哭笑不得，卖给她的是新鲜的肉，现在肉都煮熟了她还要求退，根据公司的规定已经超出了退货的范围。这该怎么办呢？

任务分析

　　在零售服务业中，设立退换服务可以使顾客增加购买商品的信心，对于提高商店和商品的信誉、吸引顾客光顾有很大的作用。企业必须根据国家法律法规，事先设定顾客退换货的标准。企业中直接与顾客打交道的是导购员，导购员对退换货知识和技能的了解程度，直接影响着服务退换货顾客水平的高低，影响着企业在顾客心目中的形象。

实训准备

教学设备准备：多媒体教室，女式裙子1件、购物小票1张。

教学组织形式：将学生按3人分成一个小组，以小组学习为主。

任务学时安排：共2学时，教师讲授1学时，学生训练1学时。

知识储备

一、三包政策

三包政策是零售商业企业对所售商品实行"退货、更换、维修"的简称，指商品进入消费领域后，卖方对买方所购物品负责而采取的在一定限期内的一种信用保证办法。三包政策对不是因用户使用、保管不当，而属于产品质量问题而发生的故障提供该项服务。

1. 三包产品范围

（1）第一批实施三包的部分产品共18种：自行车、彩电、黑白电视、家用录像机、摄像机、收录机、电子琴、家用电冰箱、洗衣机、电风扇、微波炉、吸尘器、家用空调器、吸排油烟机、燃气热水器、缝纫机、钟表、摩托车。

（2）新三包规定中明确，实行三包的产品目录将由国务院有关部门确定和调整。

（3）随着平板电视机、移动电话、固定电话、微型计算机、家用视听产品等五类新产品的加入，我国共有23种产品纳入三包政策范围之内。

（4）进口产品同样适用于新三包规定。

（5）未纳入新三包规定的产品，出现了质量问题，销售者均应依法负责修理、更换、退货并赔偿由此而受到的损失。

2. 三包责任范围

消费者购买的产品出现以下情况，有权要求经销者承担三包责任。

（1）不具备产品应当具备的使用性能，而事先没有说明的。

（2）不符合明示采用的产品标准要求。

（3）不符合以产品说明、实物样品等方式表明的质量状况。

（4）产品经技术监督行政部门等法定部门检验不合格。

（5）产品修理两次仍不能正常使用。

3. 三包责任时间

（1）"7日"规定：产品自售出之日起7日内，发生性能故障，消费者可以选择退货、换货或修理。

（2）"15日"规定：产品自售出之日起15日内，发生性能故障，消费者可以选择换货或修理。

（3）"三包有效期"规定：三包有效期自开具发票之日起计算。在国家发布的第一批实施三包的18种商品中，如彩电、等离子电视机、液晶电视机的三包有效期，整机分别为一年，主要部件（液晶屏、背光模组）为三年。在三包有效期内修理两次，仍不能正常使用的产品，消费者可凭修理记录和证明，调换同型号同规格的产品或按有关规定退货，三包有效期应扣除因修理占用和无零配件待修的时间。换货后的三包有效期自换货之日起重新计算。

（4）"90日"规定和"30日"规定：在三包有效期内，因生产者未供应零配件，自送修之日起超过90日未修好的，修理者应当在修理状况中注明，销售者凭此据免费为消费者调换同型号同规格产品。因修理者自身原因使修理超过30日的，由其免费为消费者调换同型号同规格产品，费用由修理者承担。

（5）"30日"和"5年"的规定：修理者应保证修理后的产品能够正常使用30日以上，生产者应保证在产品停产后5年内继续供应符合技术要求的零配件。

（6）新三包规定从1995年8月25日起实施，凡在该日以后购买列入三包目录的产品，消费者有权要求销售者、修理者、生产者承担三包责任。对1995年8月25日以前购买的产品，只能继续按照1986年发布的《部分国产家用电器三包规定》执行。

4. 三包规定的义务

（1）销售者应履行的义务包括以下几点。

1）不能保证实施三包规定的，不得销售目录所列产品。

2）保持销售产品的质量。

3）执行进货检查验收制度，不符合法定标识要求的，一律不准销售。

4）产品出售时，应当开箱检验，正确调试，介绍使用维护事项、三包方式及修理单位，提供有效发票和三包凭证。

5）妥善处理消费者的查询、投诉，并提供服务。

（2）修理者应履行的义务包括以下几点。

1）承担修理服务业务。

2）维护销售者、生产者的信誉，不得使用与产品技术要求不符的元器件和零配件。认真记录故障及修理后产品质量状况，保证修理后的产品能够正常使用30日以上。

3）保证修理费用和修理配件全部用于修理，接受销售者、生产者的监督和检查。

4）承担因自身修理失误造成的责任和损失。

5）接受消费者有关产品修理质量的查询。

（3）生产者应履行的义务包括以下几点。

1）明确三包方式。生产者自行设置或者指定修理单位的，必须随产品向消费者提供三包凭证、修理单位的名单、地址、联系电话等。

　　2）向负责修理的销售者、修理者提供修理技术资料、合格的修理配件，负责培训，提供修理费用。保证在产品停产后5年内继续提供符合技术要求的零配件。

　　3）妥善处理消费者直接或者间接的查询，并提供服务。

❀　**部分商场的退换货规定**

　　亚马逊、沃尔玛新规：退款并让客户保留该商品。

　　亚马逊（Amazon）、沃尔玛（Walmart）和其他公司正在使用人工智能来决定：处理退货是否具有经济效益。对于廉价商品或超大件商品，这些商品会产生高昂的运输费用，在某些情况下，零售商退还商品原价，并让客户保留或捐赠产品，可以给零售商节省成本。

　　在2020年，亚马逊和其他一些零售商在线购物交易激增，迫使这些公司重新考虑如何处理退货，因此，这种新退货方式很可能将被更广泛地采用。

　　武商集团7天无理由退换货规定：自商品签收之日起7日内，在商品及包装保持出售时原状且配件齐全，可享受无理由退换货。

　　以下商品不适用于7天无理由退换货：

　　1. 个人定制类。

　　2. 鲜活易腐类。

　　3. 在线下载或者消费者拆封的音像制品、计算机软件等数字化商品。

　　4. 交付的报纸期类。

　　5. 黄金、珠宝、玉器、饰品、手表、奢侈品类。

　　6. 女性和婴儿贴身用品、护理用品、成人用品。

　　7. 其他根据商品性质且经消费者在购买时确认不宜退换货的商品。

　　注：已使用或已清洗、拆封、剪拆吊牌或安全封条、防伪标志破坏或遗失等，影响商品二次销售的情况，均不在7天无理由退货服务内。

　　苏宁7天无理由退货规定：

　　承诺当消费者购买其店铺内带有"七天无理由退货"服务标识的商品后，自消费者签收商品之日起七天内（自签收次日零时起满168小时为七天），若商品符合完好标准，可向商家发起七天无理由退货申请。

　　商品完好指商品能够保持原有的品质和功能。同时消费者需保证退回的商品及其附属配（附）件（包含商标吊牌、使用说明书等）的齐全，并能保持其原有的品质及功能。消费者基于查验需要而打开商品包装，或者为确认商品的品质、功能而进行合理、适当的试用和调试而不影响商品的完好。

　　迪卡侬退换货规定：自有品牌产品无时间限制自由退换货。

任务实施

　　退换货处理的任务流程图，如图6-6所示。

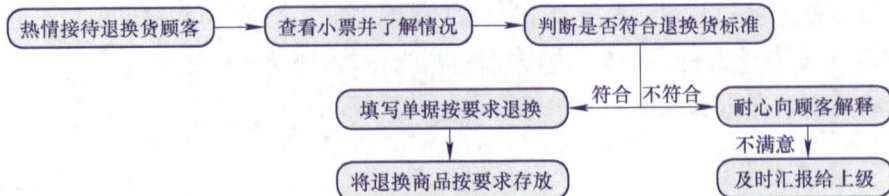

图6-6　退换货处理流程图

一、热情接待退换货顾客

无论顾客退换货要求是否合理，必须礼貌、热情、主动、贴心周到地进行接待。不可对顾客使脸色、摆架子，切忌购买前笑脸相迎和购买后事不关己两种态度，如图6-7所示。

图6-7　如此"换位"

因为顾客前来要求退货，或心中忐忑不安，或满怀抱怨，如果这时候导购员态度或说话语气不好，就会使原本心怀不满的顾客转变成愤怒不悦。激化双方矛盾不仅无助于解决问题，而且还对企业和品牌造成不良影响，导致顾客的流失。

二、查看小票并了解情况

查验顾客所持有的销售小票（或销售记录），确定购买时间和所购商品是否属于本企业出售。耐心平静地倾听顾客陈述有关的抱怨和要求，如图6-8所示。

图6-8　新车的烦恼

三、判断是否符合退换货标准

判断是否属于质量问题、是否符合退换货标准，结合国家的法律、企业政策以及顾客服务的准则，灵活处理，说服顾客达成一致的看法。面对顾客退换货要求应避重就轻，换货优先，退货为限。如不能满足顾客的要求而顾客坚持的话，应请上一级管理部门处理。

四、符合退换货标准的商品检查及单据填写

检查商品是否受损，同顾客商量处理方案，提出解决办法，凡因商品质量问题而发生的退换货由企业负担。

判明属于退（换）货的商品，开具退（换）货申请单（见表6-2），将退（换）货申请单和原购物小票一起交经理或主管（审核、签字），给顾客办理相关手续。

表6-2　顾客退（换）货申请单

年　月　日　No.

顾客姓名：	电话：	购物日期：	购物单号：
退回商品名称： 条码：	数量：	单价：	金额：
处理方式：			
退（换）货原因：			
退（换）货商品名称： 条码：	数量：	单价：	金额：
补（退）货款　　元	受理人：	柜台收货人：	顾客签字：
经理（主管）意见：			

按照企业相关管理规定将退换货回来的商品包装和保管好，防止损坏。处理退换货演示见视频6-1。

五、不符合退换货情况的处理

对于不符合退换货的情况，可以分别参考以下情形进行处理。

视频6-1　处理退换货

（1）商品在退货期，顾客购买后因为非质量问题而要求退货。例如，顾客以"买回家一看，发现不喜欢，先生说不好看"之类的理由要求退货时，导购员切忌生硬地对顾客说"如果不是质量问题，我们是不给退的""这是您自己看好的，我们不能退货"之类的话语，这显然是将责任全部推给了顾客。导购员也有给顾客当参谋提建议的责任，所以如果商品确实很明显地不适合顾客，导购员也要勇敢地站出来承担责任。

首先应该安慰顾客，并让顾客感觉到我们非常乐意帮助他解决问题，但不必过早表明自己的态度，让顾客先说出事情原委，然后再针对原因有的放矢地加以解释。然后尽量以换货方式将问题解决。

"您先不要着急，让我来帮您处理这个问题"。

"请问这个产品是什么地方让您不满意，您可以具体说明一下吗？"

……

（2）原本符合退换货的规定的商品，顾客因特殊情况超过了退货期限。导购员遇到顾客拿着超过退换期限的产品来要求退货时，应该基于以下方面考虑责任归属并加以处理：第一，在顾客购买的时候是否详细告知顾客售后维护等方面的内容；第二，顾客是否有非主观的原因导致超过时限，如果有，则以人性化方式来考虑，比如向上级建议企业承担部分责任或全部损失。

（3）有些顾客不讲道理，无端要求退换，并且威胁不解决不离店。导购员首先以讲道理但不激化顾客情绪的原则去和顾客真诚沟通，引导顾客说出产品出现问题的详细情况，以确定责任归属。如果责任确实属于顾客，真诚、负责任地与其沟通；如果无效，则可以考虑选择让步，给予调换并真诚道歉。不可换的条件下，根据顾客影响力的大小，如果是重要客户，建议企业自己以让步换取长久合作关系；如果不是，导购员可暗示顾客的责任，态度实在强硬的顾客，可以告诉他，自己也是给人做事，如果您执意这样，企业会从自己工资里扣钱，甚至会开除，现在找份工作也不容易等理由，激起顾客的同情心。

（4）顾客退换商品时物品未保持原样的处理方法。首先向顾客说明退换商品需要保持原样的规定；其次，说明商品退换的要求和流程；最后根据顾客的实际情况酌情考虑。

如本任务开始的情景中，那位老奶奶将已经煮熟的肉拿来退，后来经小王仔细了解情况，才知道中秋节前她的儿子打来电话说儿子一家三口要回家吃饭，老人到小王处购买了很多肉，并回家烧好了等孩子们回来，突然儿子打来电话说有事儿来不了了，老人一个人在家，吃不了那么多的肉，只好以肉不新鲜为理由想退点钱。小王将情况详细汇报给了上级，并建议上级将钱归还给老人，这笔钱从自己工资里扣除，煮熟的肉送给老人吃。主管认为小王很有爱心，并没有从小王工资里扣钱，并在大会上表扬了小王。自此以后这位老奶奶总是拉着街坊邻居到小王那里买肉，提高了店里的销售额。

效果评价

【情景模拟】一位男顾客在某服装专卖店购买了一件裙子，买回去后送给女朋友，可是女朋友不喜欢，于是拿来要求退货。请问导购员如何处理？

【**实训要求**】学生按三人一组分别扮演以上情景中的两个角色，必要时另一个可扮演店长，要求每人轮流扮演各个角色。扮演导购员角色时，要表现出导购员对顾客要求退货处理的技巧。根据实训结果完成表6-3。

表6-3 退换货处理实训效果评价表

考 核 项 目	考 核 标 准	得 分
职业素养（20分）	1．按时出勤，课堂表现好（10分）	
	2．仪容仪表标准（10分）	
关键能力（55分）	1．良好的心理承受力和敏捷的应变力（10分）	
	2．对三包政策及公司制度的熟悉程度（10分）	
	3．良好的人际沟通、协调能力（10分）	
	4．对顾客心理的洞察力（10分）	
	5．具有良好的倾听能力（5分）	
	6．具备良好的语言肢体表达力（5分）	
	7．分析解决问题的能力（5分）	
知识技能（25分）	1．能够准确描述三包政策及时间责任规定（5分）	
	2．能够说出一般企业退换货原则（5分）	
	3．能够说出顾客退换货的处理流程（5分）	
	4．能根据流程处理顾客退换货（10分）	
合　计		

心得体会：

任务三　跟踪回访服务

任务引入

王永庆15岁那年，到一家米店当学徒。第二年，他用父亲借来的200元钱做本金自己开了一家小型米店。为了与隔壁那家米店竞争，王永庆颇费了一番心思。

当时大米加工技术比较落后，出售的大米里混杂着米糠、沙粒、小石头等，买卖双方都是见怪不怪。王永庆则多了一个心眼，每次卖米前都把米中的杂物拣干净，这一额外的服务深受顾客欢迎。更令人意想不到的是：王永庆卖米多是送米上门，他在一个本子上详细记录了顾客家共有多少人、一个月吃多少米、何时发薪等。这样就可以估计出顾客家的米吃完的时间，于是就主动送米上门，等到顾客发薪的日子，再上门收取米款。

他给顾客送米时，并非送到就算。他还帮顾客将米倒进米缸里，如果米缸里还有米，他就将旧米倒出，将米缸刷干净，然后将新米倒进去，将旧米放在上层。这样，米就不至于因陈放过久而变质。他这个小小的举动令不少顾客深受感动，铁了心专买他的米。就这样，他的生意越来越好。

从这家小型米店起步，王永庆带领台塑集团最终成为后来我国台湾工业界的"龙头老大"。后来，他谈到开米店的经历时，不无感慨地说："虽然当时谈不上什么管理，但是为了服务顾客，做好生意，就必须了解顾客对产品以外的心理需求。可是万万没有想到，由此追求'顾客实际需要'的一点小小构想，竟能作为起步的基础，逐渐扩充演变成为事业管理的逻辑。"

读完这个小故事，你学到了什么？

任务分析

如果我们一两次沟通之后，就轻易放弃与顾客的联系，那么无论前几次的沟通结果是否成功，我们最终都将失去这些顾客。在要求老顾客帮助我们介绍新顾客时，千万不要忘记对老顾客的跟踪回访服务，良好的顾客关系不仅可以为企业留住顾客、发展忠诚顾客，也可给我们带来更多的业绩和效益。

实训准备

教学设备准备：现场场景布置、1部手机、1个记录本。
教学组织形式：将学生按2人分成一个小组，以小组学习为主。
任务学时安排：共2学时，教师讲授1学时，学生训练1学时。

知识储备

一、关系营销的概念

所谓关系营销，也称关系管理，是把营销活动看成是一个企业与顾客、供应商、分销商、竞争者、政府机构及其他公众发生互动作用的过程，其核心是建立和发展与这些群体的良好关系。

关系营销与交易营销的区别在于，前者高度重视顾客服务，加强与顾客的联系，力求培养忠诚顾客；而后者关注一次性交易，较少强调顾客服务和联系。

顾客是企业存在和发展的基础，市场竞争的实质是对顾客的争夺。有资料显示，争取一位新顾客所花的费用往往是留住一位老顾客所花费用的6倍。忠诚顾客每增加50%，所产生的利润增幅可达25%～85%。可见，忠诚顾客的多少在很大程度上决定了市场份额的质量。因此，企业在争取新顾客的同时，必须重视留住老顾客，培育和发展忠诚顾客。

二、顾客关系管理

企业活动面向长期的顾客关系，以求提升企业成功的管理方式，其目的是要协助企业管理销售循环：新顾客的招徕、保留旧顾客、提供顾客服务及进一步提升企业和顾客的关系，并运用市场营销工具，提供创新的、个性化的顾客服务，辅以相应的资讯系统或信息技术，如数据挖掘和数据库营销，来协调所有企业与顾客间在销售以及服务上的互动。

三、跟踪回访服务的意义

为了维持与顾客之间的长期合作关系，对顾客进行跟踪回访服务，可以了解顾客对商品及服务的满意度，便于改进和提高；维系顾客关系，培养情感，发展忠诚顾客；将企业最新的资讯告知顾客，宣传新产品；了解顾客需求，为顾客的再次购买作准备；提高消费者对企业及导购员的信任度，促进销售。

任务实施

跟踪回访服务的任务流程图，如图6-9所示。

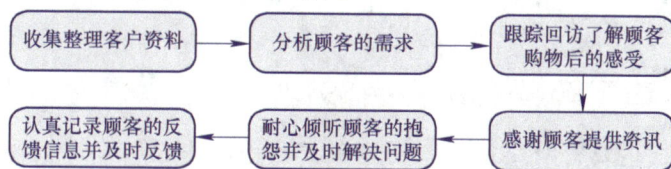

图6-9　跟踪回访服务流程图

一、收集整理顾客资料

一般来说，顾客数据资料的基本内容包括：姓名、性别、年龄、收入水平（估计）、联系方式（最好两种以上）、购买商品及数量、购买价格、购买频率等，见表6-4。基本资料的收集主要是在顾客购买商品时，为方便告知新产品或促销活动信息建议顾客留下联系方式；或者在顾客办理VIP会员卡时，从其填写资料卡中获得。顾客购买商品的信息从其历史购买记录中获得。

表6-4　顾客数据资料

编　　号		累计金额		累积积分	
会员卡号		会员类型		了解路径	
所属地区		客户来源		推 荐 人	
姓　　名		性　　别		出生日期	
工作状况		联系电话			
通信地址				邮　　编	
工作单位				手　　机	
公司网址					
电子邮箱					
社会背景				爱　　好	
				学　　历	
备　　注				职　　业	
				录入时间	
购买记录					

二、分析顾客的需求

根据顾客资料，了解顾客的喜好和习惯，将顾客进行细分，并从不同角度进行分类，筛选出忠诚顾客及重要顾客。

一般而言，根据顾客光临本店的频率及单次购买量，可将顾客划分为四类，即明星顾客、流星顾客、小溪顾客及负担顾客。所谓明星顾客，即该类顾客经常光临门店，并且每次购买量较大，这类顾客一般为忠诚顾客，是现有业绩的主要贡献者。流星顾客，即该类顾客光临次数有限但是每次购买量较大，他们可能喜欢转换购买对象以进行比较，或者是购买量还没有被充分激发。小溪顾客，即光临本店频率较高但每次购买量较少，这类顾客购买力有限但忠诚度较高。负担顾客，即指该类顾客平时很少光临本店，即使光临也只是随便看看而已或者购买量非常有限。

原则上要保证业绩，应保留明星顾客，维护与明星顾客的良好关系；要提升业绩，就应该开发流星及小溪顾客；对于负担顾客以不占用和耗费正常的资源为限。将明星顾客、流星顾客和小溪顾客筛选出来，重点对待，提供个性化的服务，才能让企业健康持续发展。

三、跟踪回访了解顾客购物后感受

跟踪回访的方式主要有网络问卷、创建在线社区、发送信函、电话联系等。一般以电话回访为主，如图6-10所示，电话回访具有速度快、成本低的优势。

图6-10　电话回访

在电话回访过程中，要注意以下技巧：

（1）让顾客感觉自己很重要。人一般都有渴望成为重要人物的心理，喜欢地位崇高的感觉。顾客希望得到尊重，喜欢发表意见，希望别人聆听。客服人员就要让顾客自我感觉很重要，多倾听，拉近与对方的感情。

（2）鼓励顾客多说。回访的目的是为了了解顾客对商品和服务的满意程度，找出改进和提高的方向。如果不了解顾客的真实感受，将无法提高业务水平、销售业绩。让顾客把他的感受和需求说出来，掌握的信息越多，就越容易掌控通话局面，也给销售提供了更多的信息。

（3）多说"您"少说"我"。电话回访时应注意用语和语气，切忌态度生硬。在访谈中把话语权交给顾客，在不经意间引导话题和获得有价值的信息。

四、感谢顾客提供资讯

对于满意产品和服务的顾客，真诚地表示感谢，并将企业最新的资讯活动告诉他们，比如新产品上市、最新商品促销信息、会员活动等。让顾客知道你一直在为他提供服务。

对于重要的顾客，记住他们的名字以及与其有关的特殊的日子，及时向其寄送生日贺卡、周年纪念卡、节日卡，并署上企业和自己的名字；送一些能引起他们兴趣的小礼物，如图6-11所示。花费很少却能表达对顾客的关心。

图6-11　向顾客赠送小礼物

五、耐心倾听顾客的抱怨并及时解决问题

对于不满意产品和服务的顾客，耐心倾听，判断问题所在，并针对问题迅速给出可行的解决办法，和顾客沟通协商，共同解决问题。最后感谢顾客提出的宝贵意见。

六、认真记录顾客的反馈信息并及时反馈

对回访情况进行详细记录，并及时汇报给上级。便于以后工作的改进。

效果评价

【情景模拟】作为化妆品专柜的导购员，请问应该如何开展顾客跟踪回访服务。

【实训要求】学生按两人一组轮流扮演以上情景中导购员和顾客的角色。扮演导购员

角色时，要表现出导购员开展回访的流程和技巧。根据实训结果完成表6-5。

表6-5 跟踪回访服务实训效果评价表

考 核 项 目	考 核 标 准	得　分
职业素养 （20分）	1. 按时出勤，课堂表现好（10分）	
	2. 仪容仪表标准（10分）	
关键能力 （55分）	1. 良好的人际沟通、协调能力（10分）	
	2. 对顾客心理的洞察力（10分）	
	3. 分析解决问题的能力（10分）	
	4. 良好的电话服务能力（10分）	
	5. 具有良好的倾听能力（5分）	
	6. 具备良好的语言表达力（5分）	
	7. 良好的心理素质（5分）	
知识技能 （25分）	1. 能够说出关系营销及其意义（5分）	
	2. 能够说出顾客关系管理的含义（5分）	
	3. 能够掌握跟踪回访服务的意义（5分）	
	4. 能够灵活运用跟踪回访服务的流程和技巧（10分）	
合　计		

心得体会：

项目总结

本项目有三个任务，即投诉的处理、退换货的处理以及跟踪回访服务。

任务一，投诉的处理。需要有良好的心态和敏捷的应变能力才能很好地完成本任务。在此基础上需要了解一些知识和技巧，多加训练才能运用自如。主要了解顾客投诉的心理和常见类型、应采取何种态度面对投诉的顾客，重点掌握和练习投诉的处理流程和技巧。

任务二，退换货的处理。要完成这个任务，首先要了解的是我国的三包政策、一般企业退换货的原则，然后需要掌握和练习退换货的流程以及不合理退货时的处理办法。

任务三，跟踪回访服务。先要了解关系营销及其意义和顾客关系管理，明白跟踪回访服务的重要作用，然后掌握和练习跟踪回访服务的流程和技巧。

教学建议

开展本项目教学时，建议教师采取分小组学习和情景模拟表演相结合的教学方式，情景引入中让学生积极参与讨论问题解决方法和途径，或者从故事中得到启示，根据学生对任务中不熟悉的内容，有针对性地讲解。建议每个任务教师授课为3学时，给予学生3学时的课堂训练，在训练过程中，教师须进行操作要点及注意事项的强调，并根据实际情况进行点评。

建议学生在学习本项目时注意对基本理论知识的学习和准备，并注重对顾客售后服务的训练，认真对待实训，对不易理解和操作容易出错的地方进行强化训练。

项目七

超越自我——导购员职业发展规划

项目简介

本项目以"导购员职业发展规划"为主线（见图7-1），学习和训练导购员职业发展的规划，在工作中通过不懈的努力，充分创造出所在岗位价值。

职业定位 → 自我检讨 → 自我完善

图7-1　导购员职业发展规划流程图

项目要求

导购员虽然处在营销一线最基层的岗位上，但是同样需要进行职业规划，找准职业定位，不可仅把工作当成是打工过生活的手段，而是要把导购工作当作自己的事业，当成实现自我价值的舞台并为之奋斗与追求，这样才能快速提升自我，在平凡的工作中保持激情。

能力点

➤ 能结合自身的优势进行职业定位。

➤ 能结合导购员岗位能力和素养的要求进行自我检讨。

➤ 能结合导购员岗位能力和素养的要求进行自我完善。

思政教育

世界推销训练大师汤姆·霍普金斯曾说过："成功者绝不放弃，放弃者绝不会成功。"由此可见，坚韧、锲而不舍、不轻言放弃的精神是多么的重要。导购员要结合岗位能力和素养的要求不断学习、完善自我、努力奋斗，才能实现职业的长足发展，最终过上自己期望的幸福生活。在本项目的"自我检讨"和"自我完善"任务中，要加强敬业教育，帮助学生树立正确的价值观、人生观、幸福观，树立"幸福是奋斗出来的"的意识。

任务一　职业定位

任务引入

　　小张2018年7月毕业于某大学机电专业，在校期间曾担任学生会干部，参与组织过各种活动，英语口语流利，对计算机应用软件有一定的钻研。毕业后在某集团担任机械设计工程师，工作相对稳定，但机械设计工作的性质、发展前途与其价值观及兴趣特长等存在较大的差异。小张评价自己的工作是"虽然能把大学里面学到的知识运用到工作中，但感觉自己最擅长的英语和计算机方面的知识并没有得到发挥。现在的工作枯燥而忙碌，工资待遇也并不理想"。他当前最大的困扰是：我适合做什么工作？怎样才能让自己热爱工作？怎么做才能得到更好的发展？我的职业定位究竟是什么？

任务分析

　　通过分析，小张的学习、组织协调、沟通和社会活动等方面的能力非常强，自我成就动机强烈，对自己有较高的要求和期望，这是他非常重要的核心竞争优势。目前除了与工作中各类人员打交道外，几乎很少有与外界接触的机会，这无疑在很大程度上限制了他的潜质。基于对小张的职业性格、兴趣、能力的分析，职业规划师和他共同探讨出最适合的职业路线为：技术+管理/咨询/培训，前期主要是技术知识和经验的积累，后期再向管理/咨询/培训方向发展。适合的职业范畴是某行业专业的咨询顾问或讲师，如机电行业的研究员、行业咨询顾问，也可以在企业中担任培训讲师。但实现这些中长期发展目标的前提是，他需要精通特定行业中某项职能领域的知识、业务流程和管理模式。

实训准备

　　教学设备准备：多媒体教室、办公桌1张。
　　教学组织形式：将学生按3人分成一个小组，以小组学习为主。
　　任务学时安排：共1学时，教师讲授0.5学时，学生训练0.5学时。

知识储备

一、职业定位的概念

职业定位是指通过自身分析之后，确定适合做什么工作，而且能够做好什么工作，将来在某个领域有所成就和贡献。

二、导购员的角色定位

导购员是指在零售终端通过现场服务引导顾客购买、促进商品销售的人员，同时在整个销售过程中他们又具有多重角色。

（1）商品推销者：导购员最基本的身份是推销者，把商品、品牌、企业以及自己推销给顾客并让顾客接受。卖出商品是最基本的要求，实质上是要把企业、文化、品牌都要卖给顾客，让他们通过导购员的介绍与接触，充分地了解、接受与认同。

（2）形象代言人：导购员面对面地与顾客沟通，他们的言行在顾客的眼中就代表着企业（品牌）的形象。

（3）沟通的桥梁：导购员是企业（品牌）与顾客之间的桥梁，一方面通过介绍把品牌、商品的相关信息真实有效地传递给顾客；另一方面又将顾客的意见、建议和需求等信息反馈给企业，以便企业生产出顾客更加喜欢的商品、更好地服务于顾客。

（4）服务大使：导购员是在充分了解自己所销售产品特性和价值的基础上，适时地为顾客提供优质服务、建议和帮助，以优良的服务来吸引顾客，赢得市场。

（5）咨询顾问：导购员应根据顾客的特点和实际情况，向其推荐最适合的商品以满足顾客的需求和期望。

任务实施

导购员职业定位可从三个方面进行分析，如图7-2所示。

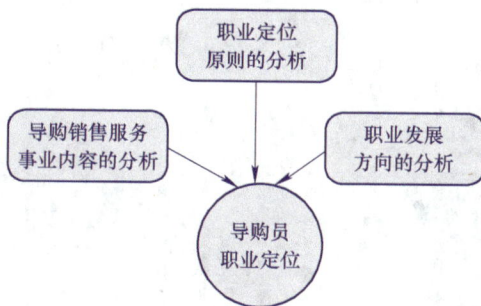

图7-2 导购员职业定位分析

■ 小案例

国庆节期间，世纪商场的所有专柜都在做促销活动。为迎接顾客的到来，李宁专柜的销售人员热情地为顾客服务，通过耐心地讲解为顾客出谋划策，最终顾客开心地买到了自己称心如意的衣服。

想一想：李宁专柜的销售人员该如何为顾客进行服务？

一、导购销售服务事业内容的分析

作为一名导购员，首先要正确地理解导购销售服务事业，把握不同销售阶段的不同服务内容，这是成为优秀导购员的第一步，见表7-1。

表7-1　导购员服务阶段内容的分析表

售前服务	售中服务	售后服务
提供有关专业知识、营销消息、产品资料及资讯 美化办公场地、做好橱窗陈列 前期宣传以及各种促销的准备活动	营业中店内的气氛营造 店内的各种资讯提供 导购员所提供的各种服务	退换货服务 商品包装及维修服务 回访顾客、听取意见 资讯提供

二、职业定位原则的分析

职业定位是自我定位与社会定位相结合的结果。自我定位就是确定自身的性格类型、兴趣与能力、优劣势等情况；社会定位就是个体在社会分工中的角色定位，包括职业、职位等。通过自我定位与社会定位的结合，每个人以真实的自我根据工作的需要，按照一定的思维方式和行为模式总能在社会分工中确定自己的职业角色。简而言之就是做好本色演员，如图7-3所示。

图7-3　职业定位原则的分析图

思考：结合图7-4，你能够给自己进行定位吗？

图7-4　给自己定位

（1）我能干什么？即你的特长，这是别人要给价钱的最重要的标码，也是你个人赖以生存的筹码。

（2）我正在干什么？专心致志，不要骑驴找马，也不要期望能同时挖好两口井。

（3）我应该干什么？先要求自己做应该做的事情，才有机会做自己喜欢做的事。

（4）我还在等什么？永远不要等待，等待将给人无尽的借口。

依据上面的内容，请根据自己的实际情况认真填写。

_____

_____

_____

_____

三、职业发展方向的分析

有这样一则关于选择的寓言故事：三只不同的动物被一个人关进了三个不同的笼子，人对动物们说："我可以满足你们每个动物一个愿望，请说吧。"浪漫的熊猫说："我要一个美丽的雌熊猫。"贪吃的猴子说："我要很多很多的核桃。"勤奋的鸽子说："给我一大沓信纸和一支笔吧。"

三年后，人决定放它们出来。第一个冲出来的是猴子，它抱着一大堆核桃，大喊道："给我砸开！给我砸开！"原来，坚硬的核桃壳使他无法享用核桃的美味。接着出来的是熊猫，只见它怀里抱着一只小熊猫，后面跟着雌熊猫。最后出来的是鸽子，它紧紧握住人的手说："这三年来我每天与外界联系，我的生意不但没有停顿，反而增长了200%！"

这则寓言给我们的启示是选择决定未来。什么样的选择就会带来什么样的结果。你今天的状况是你昨天选择的结果，你未来的状况取决于你现在所做的选择。所以，无论过去、现在我们发生了什么事情，都不要抱怨，因为这曾是你自己所做出的选择。

为什么要寻求个人发展？这是因为，通过不断的个人发展，可以带来财务自由，能够提供更多的自由选择，实现对家庭和社会的责任，实现自我价值。

一般地，在导购销售服务事业中，有如下的职业和职位的发展路径，如图7-5所示。

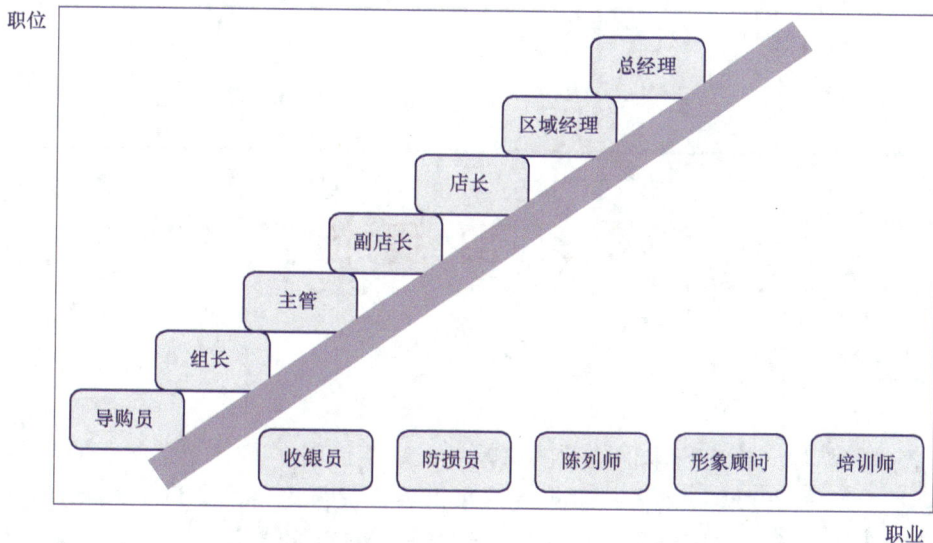

图7-5　职业发展方向的构成图

你准备好了吗？赶快行动起来，选择好前进方向。

效果评价

【情景模拟】 认真观看赵本山小品《卖拐》片段。请问片中卖拐人的表现是否符合一个导购员的要求和标准。

【实训要求】 学生按三人一组轮流扮演小品中的三个角色。扮演卖拐人角色的同学在表演结束后，要陈述出职业定位和岗位职责的思考。根据实训结果完成表7-2。

表7-2　职业定位实训效果评价表

考核项目	考核标准	得分
职业素养 （20分）	1. 按时出勤，课堂表现好（10分）	
	2. 仪容仪表标准（10分）	
关键能力 （55分）	1. 职业定位要点的熟练运用（10分）	
	2. 对导购员角色定位的理解程度（10分）	
	3. 能够迅速处理情景模拟中遇到的问题（10分）	
	4. 具有良好的口头表达能力（10分）	
	5. 具备良好的团队合作精神（10分）	
	6. 具备一定的组织协调能力（5分）	
知识技能 （25分）	1. 能够准确描述职业定位的含义（5分）	
	2. 能够说出导购员角色定位的类型（5分）	
	3. 能够说出职业定位的原则（5分）	
	4. 能够准确地给自己进行职业定位（10分）	
合　计		

心得体会：

任务二　自我检讨

任务引入

"销售之神"原一平是日本保险业的旗帜性人物，他创立了全日本人寿保险营销员协会并担任会长。原一平曾说："人一旦来到这个世界，就得对自己负责。每天努力地工作，以让今天的我比昨天的我更进步、更充实，这是自己人生的责任中最紧要的事。"简而言之，他要求自己每天都要有进步，哪怕只是进步一点点。

怎样才能做到每天都进步呢？原一平的方式是举办"批评会"，也就是找人来为自己

"挑刺"。连续举办6年的"原一平批评会"，已经无法满足原一平的需求，他渴望更具体、更深入、更广泛的批评。

有一天，原一平灵机一动，他花钱请人来调查自己的缺点。调查项目主要包括对原一平的评价、信用、对保险的观感、明治保险公司的声誉。在征信所收回的调查资料中，有人批评、有人赞美。原一平要的是怎样改进，只有指责和批评才会督促他更上一层楼。

每天进步一点点，原一平是这样想，也是这样做的。在原一平50多年的保险销售生涯中，指责和批评的意见已渐渐减少，最后几乎没有了。当然，原来一无所有的穷小子原一平，也成了日本的亿万富翁。

任务分析

要想成为优秀的导购员，必须善用时间，做好时间管理，自我检讨每年、每季、每月、每周甚至每天的工作，从而发现问题并及时解决，同时也要进行有效的心理调整，这是适应环境、增强生存能力的重要一环，这样才能保证工作的顺利完成。

实训准备

教学设备准备： 多媒体教室、3件外套。

教学组织形式： 将学生按3人分成一个小组，以小组学习为主。

任务学时安排： 共1学时，教师讲授0.5学时，学生训练0.5学时。

知识储备

一、对导购工作的认识

在现代营销形式中，终端日益受到重视，尤其是身居第一线的导购员，他们是企业营销政策和理念的体现者和执行者。在一些大中型企业中，由于其销售网络较为完善，覆盖面较广，相应的终端导购员动辄数百上千人，如此规模的一支销售队伍，如果管理有方必将万众一心，基业长青；如果管理失当，势必一盘散沙，在激烈市场竞争中加速企业溃败。所以终端导购员及管理者必须对导购工作有一个正确的认识。然而由于导购工作的特点以及一些刚刚从事导购工作缺乏经验的新手或者由于企业员工职业培训欠缺等原因，造成了很多人对导购工作缺乏正确的认识，主要表现在缺乏计划性、管理制度不完善等。

（1）导购工作缺乏有针对性的计划，仅依靠感觉去经营，缺乏科学和理性的计划。中国有句古话"凡事预则立，不预则废"，导购工作同样如此。

（2）导购工作中缺乏明确的岗位责任与职能分工，实行粗放式经营模式，哪里需要人手就临时调配。从企业角度需要避免混乱的管理局面，从导购员角度也需要明确的职业发展方向。

（3）缺乏对导购团队的制度化管理，过分倚重关系管理而不是进行制度约束，也就是缺乏明确的导购管理制度。

（4）导购工作没有有效的绩效考核，或者执行不到位，过多依靠权威，无法形成有效的激励机制，各自为战，没有团队合作的氛围和意识。

二、导购员的工作反省

导购员要及时地将自己上次和顾客沟通等工作情况进行总结，通过反省、检讨，发现不足之处，不断改进。职场中，员工大体可分为两种类型：实干与空想的、认真与马虎的、善于总结与总是犯同一类错误的、及时改进与不思进取的。结果显而易见，前一类人成功了，后一类人失败了。

（1）工作计划是否已经按要求落实？导购员的职责之一就是执行与落实企业的计划与目标。导购员在每天的工作中都要进行自我反省，有没有完全贯彻和落实上级的指示？哪些方面没有做好？今天如何才能更好地完成工作任务？

（2）未完成的任务是否及时进行跟进处理？

（3）对顾客承诺是否及时兑现？一些导购员常犯的错误是乱许诺、不兑现。轻诺必寡信，导购员一定要做到慎许诺、多落实。

（4）近期工作的安排和计划是否明确？每一次的成交不是终点，而是对顾客服务与关怀的起点。导购员要做好规划，统一安排好工作，在持续跟进顾客的工作中时刻反省自己，不断提高服务水平，以提高工作的效率。

任务实施

导购员应从两方面进行自我检讨，如图7-6所示。

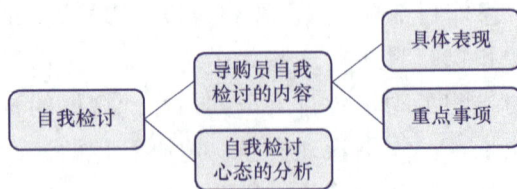

图7-6　导购员的自我检讨

一、导购员自我检讨的内容

优秀的导购员必须具有强烈的营销意识，热情、友好、主动的服务意识和熟练的销售技巧。在日常工作中，导购员需要对照以上三个方面进行自我检讨，具体内容见表7-3。

表7-3　导购员自我检讨的内容

内　容	具 体 表 现	重点事项
营销意识	强烈的营销意识是导购员对工作、企业、顾客和事业的热情和责任心的体现，是其勤奋精神和忠诚度的表现，促使导购员发挥主观能动性，克服客观困难，能使导购员发现或创造出更多的销售机会	心中反复地进行自我意识强化：我一定要把产品卖给顾客
热情、友好、主动的服务意识	导购员面对的是人，营销首先是心和心的交流，导购员要用热情去感染对方，热情所散发出的活力与自信，会引起顾客的共鸣。服务是商品的一个衍生品，涉及营销全部过程。服务能吸引顾客、创造销售机会、提高销售业绩	重点是态度问题，接触、沟通、感染、共鸣
熟练的销售技巧	导购员要掌握商品知识、顾客心理、推销技巧，更需要创新能力	无论买卖大小，都是智慧的体现

二、自我检讨心态的分析

（1）真诚态度是决定一个人做事能否成功的基本要求。作为一名导购员，必须抱着一颗真诚的心，诚恳地对待客户、对待同事，只有这样，才会赢得他人的尊重与友谊。导购员是企业的形象代表，是企业精神的直接体现，是连接企业与社会、消费者、经销商的枢纽。因此，导购员的职业态度直接影响着企业的业绩与发展。

（2）自信心是一种力量。每天开始工作的时候，都要鼓励自己，激发自己的热情与活力。同时，要相信企业，相信企业提供给消费者的是最棒的产品，要相信自己所销售的商品是好的，相信企业提供了能够实现自我价值的机会和平台。

（3）热情是具有感染力的一种情感，它能够带动周围的人去关注某些事情。当你很热情地与顾客交流时，顾客也会"投之以李，报之以桃"。当你在路上行走时，正好碰到你的顾客，你热情地伸出手，表达真挚的问候。也许，彼时他正好有一项需求，你的热情恰逢其时地促成一笔新交易。

（4）做个有心人。处处留心皆学问，要养成勤于思考，善于总结经验的习惯。每天都要对自己的工作检讨一遍，看看哪些地方做得好，为什么？哪些地方做得不好，为什么？多问自己几个为什么才能发现工作中的不足，促使自己不断改进工作方法。只有提升能力，才可抓住机会。机遇对每个人来说都是平等的，只要你是有心人，就一定能成为行业的佼佼者。

效果评价

【情景模拟】某服装专卖店的导购员对顾客说，由于现在是冬季，所有的圆领毛衫都配送围巾。顾客选好一款毛衫后去收银台付款，付款后顾客要求配围巾，收银员说，顾客所选购的是春季新品，当天刚上架，这一款是不配送围巾的。顾客听后，立即要求退货。请问该导购员应如何做自我检讨。

【实训要求】学生按三人一组轮流扮演以上情景中的三个角色。扮演导购员角色时，要表现出对自己工作中的失误检讨。根据实训结果完成表7-4。

表7-4　学会检讨自己的实训效果评价表

考核项目	考核标准	得分
职业素养 （20分）	1. 按时出勤，课堂表现好（10分）	
	2. 仪容仪表标准（10分）	
关键能力 （55分）	1. 对导购工作的认识程度（10分）	
	2. 对导购员自我检讨内容的理解程度（10分）	
	3. 能够迅速处理情景模拟中遇到的问题（10分）	
	4. 具有良好的口头表达能力（10分）	
	5. 具备良好的团队合作精神（10分）	
	6. 具备一定的组织协调能力（5分）	
知识技能 （25分）	1. 能结合导购员岗位能力和素养要求进行自我检讨（5分）	
	2. 能够说出自己的优缺点（5分）	
	3. 能够说出导购员的自我认识（5分）	
	4. 能够说出导购员的工作反省（10分）	
合　计		

心得体会：

任务三　自我完善

任务引入

案例一：某品牌的导购员小王是商场里优秀的导购。她的优点是积极、主动、有亲和力。在店内没有顾客的时候她就会主动去找顾客，而不是坐在店里默默地等待，顾客能走进她的店最主要的原因就是她和顾客非常友善地打招呼。

案例二：某品牌的导购员小赵却很困惑："我以前也经常在店门口招揽顾客，可成功率非常低，甚至有些顾客还被我吓跑了，这是为什么呢？"原来小赵打招呼时是绷着脸，而且一点表情都没有，就像在和谁生气一样。试想遇到这样打招呼的导购员，谁又敢进去呢？

任务分析

销售是需要互动的，缺乏互动的销售中顾客就缺乏购买的氛围与欲望。让顾客唱独角戏的销售方式成功率很低。因此，导购员在工作中一定要与顾客互动起来，在平日的工作中不断地完善自己，争取吸引更多的顾客。

教学设备准备：多媒体教室、服装若干。

教学组织形式：将学生按5人分成一个小组，以小组学习为主。

任务学时安排：共1学时，教师讲授0.5学时，学生训练0.5学时。

知识储备

一、塑造良好的职业素养

职业素养是指职业内在的规范和要求，是在工作过程中表现出来的综合品质，包含职业道德、职业技能、职业行为、职业作风和职业意识等方面。总结来说，职业素养包括专业知识、职业技能和职业态度三个重要因素，并组成一个完整的结构，如图7-7所示。

一名合格的导购员，在其职业生涯开始时就应重视形成良好的职业素养。

图7-7 职业素养三要素

（1）专业知识是指在一定范围内的系统化的知识体系。知识来源于实践，基础的是社会生活经验知识，高级的是科学文化知识，即专业知识。只有把二者有机结合起来，做到踏实做人、认真做事，才能符合社会和职业对人的要求。

（2）职业技能是指从事某项职业所需要的技术和能力，它是能够顺利就业的前提条件之一。掌握必要的职业技能需要从专业技术、学习能力、运用能力等方面进行加强。从事特定行业的工作，具备相关的专业知识是必不可少的。通过一定的学习和模仿能力，快速掌握产品技能，比如产品性能、规格、使用和维护以及商业策略等内容，进而做到正确和熟练运用，尤其是在导购工作中，导购员熟练的营销技巧、高超的沟通能力都是职业竞争力的表现。

（3）职业态度至少包含两个重要因素：敬业精神及合作的态度。敬业精神就是在工作中要将自己作为企业的一部分，不管做什么工作一定要做到最好，发挥出实力，对于一些细小的错误一定要及时地改正。敬业不仅仅是吃苦耐劳，更重要的是用心去做好在企业中的每一份工作。职业态度是职业素养的核心，好的态度比如负责的、积极的、自信的、建设性的、欣赏的、乐于助人等态度是决定职场成败的关键因素。

二、导购员职业规划的基本要素

初入职场的新人，往往找不到自己的落脚点。为避免在终日的忙碌和挫折打击中迷失自我，并顺利实现职业角色和心态的转变，导购员也需要重视自己的职业规划。

（1）了解自己是做好职业规划的第一步。认真审阅自己的爱好、能力、价值观、性格、气质、成长历程对自己的影响等因素，只有认清楚了自己，才能明确未来的方向，做出正确的职业选择。

（2）了解环境是为了更好地适应社会和职业的要求。尽可能地了解所从事行业需要的职业技能、就业渠道、岗位职责、发展前景、薪资待遇等情况。其中很重要的一个因素是分析是否有良好发展前景，比如说在照明行业选择知名企业可能比较容易获得更多个人发展机会和成长空间。很多人一生扮演的最重要角色之一就是职业角色，职业规划的本质就是一个熟悉自我、完善自我、实现自我的过程。

三、如何提升导购工作与管理水平

成功的企业离不开敬业的员工，同样也需要优秀的管理者共同努力。

（1）管理工作需要重视执行，再好的计划没有执行也只是空中楼阁。因此，管理者在日常工作更需要重视计划的执行，给营销终端的一线导购员做出表率。

（2）尽力尽快尽责及时解决一线反馈的问题和困难，做好后勤服务和支持工作，让大家感受到团队的力量，营造团结协作的氛围。

（3）重视团队的作用，发挥集体的智慧，增进合作意识和凝聚力，消除可能存在的每一个短板。

任务实施

导购员要进行自我完善需从三个方面着手，如图7-8所示。

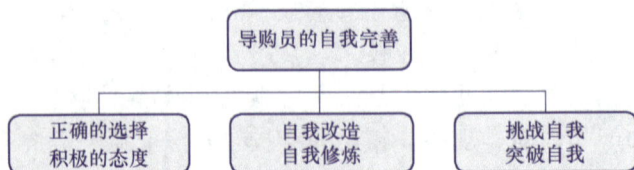

图7-8　导购员的自我完善

一、正确的选择和积极的态度

工作快乐是天堂，工作痛苦是地狱。选择很重要，选择一定要在努力工作之前。错误的选择导致努力的结果可能也是徒劳，反而陷入痛苦深渊。奋斗之后的结果有好有坏，要得到善终的关键一是在于当初正确的选择，二是在于选择之后的积极的态度和勤奋的程度。

今天的工作结果决定了明天的生活状态。工作结果是人生最重要的成果之一，要想实现理想中的生活状态，首先就要热爱你的工作，就必须从现在起努力工作。

二、自我改造和自我修炼

自我改造就是不断学习和积累的过程。善于向别人学习，虚心向他人请教，养成不断学习的习惯，实现自我改造、自我突破。

自我修炼是实现提升的过程，把学习得来的经验融入自己的言行，表现在日常的为人处世当中，要学会尊重他人、赞扬他人、宽容他人、关爱他人，多与他人交流，取得人际关系的成功，以助事业一臂之力。

三、挑战自我和突破自我

人总是存在各种优点和缺点。比如人们都有积极向上、敢于挑战、追求成功的优点；相反地，也有易于被懒惰散漫支配的缺点。如果任由缺点支配人性，职业生涯就会呈现低潮。因此，为了实现自我价值和个人成长，就必须挑战自我、突破自我。

（1）正视职场中的低潮。职场低潮有一些典型症状：轻视工作、觉得人生枯燥乏味、缺乏自信、人际关系紧张、丧失进取心、缺乏创意、抱怨不满等。逃避的态度无助于解决问题，只有敢于正视，才能有效脱困。

（2）克服低潮就是挑战自我。工作中难免遇到挫折与困境，一旦无法及时解决问题，畏难的本性就会导致职场低潮的出现。克服低潮的有效手段是进行自我放松训练。

1）心态放松法：在车上、更衣室或其他任何可以独处的场合，利用1～3分钟的时间，闭目凝神，心中不停想着一个念头：昨天的不愉快都已过去，今天一定要重新开始。

2）进行自我激励。沮丧和低落时，可以进行自我五问来调整情绪和激发斗志。

- 最近有什么让我兴奋的事？
- 什么让我感到骄傲？
- 什么让我为之努力？
- 什么值得我感激？
- 哪些人是我深爱的人？

3）进行自我心理武装：让内心充满激情，敢于面对眼前的困难，做好迎难而上的心理准备。

- 当心情郁闷的时候，不可自己生闷气，因为那样只会让情况变得更糟。
- 我要保持活力，只有这样，才会有热情。
- 我要不断给别人打气、安慰别人，鼓励别人其实也在鼓励自己；积极的氛围有助于让自己摆脱情绪低潮。
- 人生总会遇到挫折和困难，我已经做好了准备，坚持一下就会过去的。

效果评价

【情景模拟】一日，某皮鞋专柜的顾客很多，其中导购员小王由于个人原因将不良情绪带到了工作中，导致与顾客交流时语言不当，态度生硬，给顾客留下不好的印象而放弃购买；导购员小李在接待顾客时，却非常热情，态度端正，热心服务，赢得了顾客的好感。请问导购员小王应如何正确地完善自我。

【实训要求】学生按四人一组轮流扮演以上情景中的四个角色。扮演导购员小李角色时，表现导购员应该如何进行自我的完善，并且讨论导购员小王该如何改善工作以及如何进行自我完善。请根据实训情况完成表7-5。

表7-5 导购人员自我完善实训效果评价表

考 核 项 目	考 核 标 准	得 分
职业素养 （20分）	1. 按时出勤，课堂表现好（10分）	
	2. 仪容仪表标准（10分）	
关键能力 （55分）	1. 导购员职业规划基本要素的熟练运用（10分）	
	2. 对职业素养的理解程度（10分）	
	3. 能结合导购员岗位能力和素养要求进行自我完善（10分）	
	4. 能够迅速处理情景模拟中遇到的问题（10分）	
	5. 具有良好的口头表达能力（5分）	
	6. 具备良好的团队合作精神（5分）	
	7. 具备一定的组织协调能力（5分）	
知识技能 （25分）	1. 能够准确描述如何提升导购工作与管理水平（10分）	
	2. 能够做出正确选择和保持积极的态度（10分）	
	3. 能够说出自我改造和修炼自我的内涵（5分）	
合 计		

心得体会：

项目总结

导购员——这个不起眼的职业，在发展迅猛的经济大潮中应运而生。在终端为王时代，导购作为营销终端一线，已经越来越受企业的重视。

在工作中，每个人都需要定位，以保证自己沿着一定的职业规划，持续地发展。从事导购工作，既需要认真地分析自己，又需要多了解社会需求和职业要求，以求定位准确。

每个人的发展和变化都将遵循着自己当前的态度和价值观，导购员要真正了解自己，需要不断地检讨自己，以修正方向少走弯路，尽快地胜任工作，最终走向职业生涯的高峰。

导购员的职业素养不仅会影响到企业的销售业绩，而且对导购员自身的职业方向和人生目标同样影响深远。因此，导购员在日常工作中不断地完善自我，实现自我突破。

教学建议

开展本项目教学时，建议教师在讲解过程中设置情景，让学生积极参与互动，并适当利用现场演示与视频演示来进行教学。建议教师授课为1.5学时，给予学生1.5学时的课堂训练。在训练过程中，教师须强调操作要点及注意事项，可进行分组实训，开展小组竞赛活动，以激发学生的积极性。

建议学生在学习本项目时注意对基本理论知识的学习和准备，并注重根据个人实际情景对自身的职业规划，认真对待实训，对不易理解和操作容易出错的地方进行强化训练。

附录

综合训练

项目一　综 合 训 练

一、判断题（正确的打"√"，错误的打"×"）

（1）不诚实的导购员可能会得意一时，从长远看，只有诚实才能永保自己的持续发展。（　　）

（2）女导购员上班可以化浓妆。（　　）

（3）高于对方视线的微笑会让人感到存有戒心。（　　）

（4）5S即微笑（Smile）、迅速（Speed）、机敏（Smart）、诚实（Sincerity）、研究（Study）的开头字母，即迅速地依照流程，并以微笑、研究的态度，诚实、机敏地接待顾客。（　　）

（5）在接待顾客中，必须抓住重点，突出主题，以引起顾客的注意和兴趣。（　　）

二、案例分析题

【目的】通过案例分析让学生了解如何抓住顾客，体现导购员良好的素质。

【案例】导购员的待客态度

虽然是下班时间，但购物的人并不多，走在一排排的品牌店间，李木的目光始终没有离开各式的衣服，一直寻找着目标。各专卖店基本都有一两个导购员，有的在招待顾客，有的在聊天，也有的在看杂志，还有的站在店门口观看人来人往。大概走了二十几米后，李木还一家店都没有进，只是在门外大概浏览一下。留心一数，李木发现：四个品牌的导购没有看到自己这个准客户，三个品牌的导购看了这个准顾客一眼后就继续忙着自己的事了，还有三个品牌的导购像看着怪兽一样目送了他路过自家门口。

一转身李木进入了A品牌店，导购员小A仍在低头理货，李木在店里简单地浏览一圈就出去了，小A就像没有发现一样仍然在做着自己的事。

李木又溜达到B品牌店，导购员小B在他看到第三件衣服的时候走了过来："大哥喜欢哪件就试试吧。"

"嗯，我再看看。"他应答着从另一个方向离开了。

看到C品牌店里挂着一些西装，他走进去浏览一圈后，问道："有没有休闲西装？"

"没有的，我们这儿的西装都是套装，正式的那种。"导购员小C一本正经地告诉李木。无奈，他又离开了。

这时D品牌店的一位大姐微笑着站在店门口向他打招呼："帅哥，进来看看吧，我们这里刚到几个新款"。本来李木用眼扫一下她的店内发现并没有自己想要的衣服，但经过她这么热情地打招呼，他反而有些不太好意思直接走开，就走了进去："大姐，你这里有没有休闲西装？"

"有，你试试这件。"大姐从衣架上摘了一件带拉链的休闲上衣递给了他……

【要求】分析A、B、C三个品牌导购员接待顾客时存在的问题以及D品牌导购员接待顾客成功之处，填写附表1-1。

附表1-1　导购员接待顾客分析

项　　目	A、B、C品牌导购员	D品牌导购员
见到顾客的反应		
顾客进店后的态度		
与顾客关于商品的交流		

三、填空题

【目的】养成良好的服饰礼仪习惯。

【要求】根据自己的生活习惯填写附表1-2，并应用于自己的日常生活。

附表1-2　仪表服饰整洁的着眼点与基准

着　眼　点	基　准	
	优	良
衬衫		
罩衫		
袜子		
领带		
手帕		
制服		
鞋		
化妆		
剃胡须		
洗发		
洗浴		
剪发		
修剪指甲		

拓展训练

【任务】礼仪训练。

【目的】熟练掌握导购员礼仪要求。通过训练养成良好的姿态，展示导购员的自信与职业独特的美。

【要求】学生分5～8人一组训练礼仪要求，其他学生观看并相互监督。训练结束后，挑选掌握得较好的同学设计一段3分钟左右接待顾客的情景进行示范表演。训练中注意配合礼貌语言、表情。根据表演情况填写附表1-3。

附表1-3 礼仪训练记载表

评 价	项 目								
	仪容	接待用语	站姿	坐姿	走姿	蹲姿	手势	微笑	眼神
非常好									
好									
一般									
较差									

项目二 综 合 训 练

巩固练习

一、判断题（正确的打"√"，错误的打"×"）

1．在引起注意阶段最佳的销售方法就是"一句话销售"。 （ ）

2．当顾客正在凝视商品时，商品接近法是销售中最有效的接近顾客的方法。 （ ）

3．导购员接待沉默型顾客的应对重点是以稳重的心情接待应对，保持良好心态。 （ ）

4．导购员在待机时，要保持微笑，同时还要以比较自然的态度观察顾客的一举一动，等待与顾客初步接触的时机。 （ ）

5．导购员用华丽的辞藻表达对顾客的赞美是一种非常好的表达方式。 （ ）

二、案例分析题

【目的】分析顾客类型及应对措施。

【案例】一封表扬信

××电器××店的负责人:

您好!

我是贵店的一名普通顾客,2021年1月3日前往贵店欲选购一部电视机,当时接待我的是工号为××××××的员工蔡××。当时我对选购哪款机型还不确定,所以询问起来也没有重点,很琐碎。该同志认真耐心地给我介绍了几种机型的特点及性能,态度热情,业务功底扎实,给我留下了深刻印象。因××店店面较小,在听完介绍后我又前往另外两家规模更大的家电商场进行了比较选择。虽然那两家的门店面积较大,品种更为齐全,但他们导购员的介绍却未能吸引我购买。犹豫不决的时候我又回到了贵店,并找到了蔡同志进行了进一步咨询。蔡同志依然热情地接待了我,耐心地对我所中意的两款电视机各自的性能特点进行了深入地讲解,结合我的实际情况推荐了一款。综合比较后我接受了他的建议,立即决定购买此机。在节日的最后一天,能买到称心如意的电视机,我非常高兴,并对该店员表示感谢,也对贵公司表示感谢。

顾客:×××

2021年1月5日

【要求】分析写表扬信的顾客是属于哪种类型;并分析为什么顾客没有到店面较大的卖场购买电视机,而是到店面较小、商品并不齐全的店铺购买。

三、填空题

【目的】巩固不同年龄段顾客的特征及应对重点。

【要求】根据所学的知识填写附表2-1。

附表2-1　不同年龄段顾客的特征及应对重点

顾 客 类 型	特　征	应 对 重 点
青少年顾客		
中年顾客		
老年顾客		

拓展训练

【任务】观察顾客。

【目的】通过对顾客的观察,积累经验,加强判断的准确性,培养学生自学及总结的能力。

【要求】学生利用课余时间,前往附近的各类专卖店,记录10位不同性格顾客的特征(除本项目中已涉及的8种类型外,自己再总结两种顾客类型及应对重点),并根据该特征对顾客进行分类,思考此类顾客的应对策略。根据观察情况填写附表2-2。

附表2-2　顾客类型分析表

顾 客 类 型	特　征	应 对 重 点
不同意见型		
自我中心型		

项目三　综 合 训 练

巩固练习

一、判断题（正确的打"√"，错误的打"×"）

1. 询问时应注意先询问容易回答的问题，难以回答的问题后问。（　　）
2. 卖点是针对整个社会的，而不是针对我们所设定的目标受众的。（　　）
3. 顾客购买商品并不是购买商品本身，而是为了该商品能提供舒适、方便、安全等。
（　　）
4. FAB介绍法与一般介绍法没多大区别。（　　）
5. 商品演示不需要顾客参与，只要演示者演示操作即可。（　　）

二、案例分析题

【目的】通过案例分析让学生合理运用FAB介绍法，准确地找出商品的F、A、B。

【案例】销售人员对FAB介绍法的使用

1. "先生您看一下，我们这款沙发是真皮的。"真皮是沙发的属性，是一个客观现实，即F。"先生您坐上试试，它非常柔软。"柔软是真皮的一项属性，就是A。"您坐上去是不是非常舒服？"舒服是带给顾客的利益，即B。将这三句话连起来："先生你看这个沙发是真皮的，它非常柔软，坐上去非常舒服。"使顾客听起来会产生顺理成章的反应。

2. 汽车销售人员说："您看我们这款汽车有6缸的发动机，从静止加速到100km/h只用5.8秒。"6缸的发动机是这款汽车所包含的一个属性，它的作用是百公里加速只用5.8秒钟的时间，给顾客带来的好处就是享受驾驶乐趣。但是如果没有按FAB的法则，有顺序地介绍，顾客就不可能听懂。"先生，我们这款车非常有驾驶乐趣，从静止加速到100km/h只用5.8秒，配有6缸的发动机。"对这样的说法，顾客听起来就不会有深刻的印象。

【要求】请结合案例1的分析，写出案例2中向顾客推荐商品时的叙述词，并详细说明哪句话分别符合FAB中的哪一项，填入附表3-1。

附表3-1 FAB介绍法的运用

FAB	叙 述 词
Feature 特性	
Advantage 优点	
Benefit 好处	

三、填空题

1. 【目的】学生能归纳出商品的卖点。

   【要求】根据你对以下四种商品的了解，完成附表3-2的填空。

附表3-2 宝洁公司四大品牌卖点

品　牌	产品特点	产品卖点
海飞丝		
潘　婷		
飘　柔		
沙　宣		

2. 【目的】学生能正确运用开放式问句和封闭式问句。

   【要求】根据你对开放式和封闭式询问方式的了解，完成附表3-3。

附表3-3 开放式问句和封闭式问句的判断

问 句 举 例	开放式问句/封闭式问句
您觉得这款衣服怎么样？	
您想买鞋吗？	
您要不要试穿一下？	
您喜欢什么样的款式呢？	
我有什么可以帮您的吗？	
您需要我帮忙吗？	
您对我们这个品牌熟悉吗？	
您觉得我们这个品牌怎么样？	

拓展训练

【任务】采用FAB介绍法推销任意一款手机。

【目的】通过FAB介绍法的强化训练，熟练运用FAB叙述词，并找出商品的F、A、B，从而熟练掌握商品介绍的方法与技巧。

【要求】2个同学一组，1人进行商品介绍，另1人做记录，并将训练情况填入附表3-4中。时间为每人5分钟，每组10分钟，学生可以交替训练。

附表3-4 FAB介绍法训练记录表

评　价	F	A	B
非常好			
好			
一般			
较差			

项目四　综 合 训 练

巩固练习

一、判断题（正确的打"√"，错误的打"×"）

1．顾客说："这种冰箱还可以，但坏了没有地方修。"这种异议是服务异议。

（　　）

2．顾客说："我从来不用化妆品。" 这种异议属于商品异议。（　　）

3．永不争辩就是要求导购员接受顾客异议，不与顾客争吵。（　　）

4．处理顾客异议的原则是指导购员处理顾客异议时应遵循的准则或基本规范。

（　　）

5．顾客提出异议时，要注意认真倾听，辨别异议的真伪，并发现顾客真正的疑虑所在。

（　　）

二、案例分析题

【目的】通过案例分析让学生合理运用顾客异议的原则和技巧，准确地找出王经理是如何处理张先生提出的异议并顺利成交。

【案例】销售人员处理顾客异议技巧的运用

有一天，张先生来到建材商店准备购买一批建筑材料，一看，感觉价格非常贵，接着，王经理立刻和张先生进行了沟通，王经理说："我非常认同您的看法和理解您的感受，我们的价格在市场上与同行某些产品相比确实不便宜，而与我们同品质的厂家相比，我们的价格还是比较便宜的。我们已经和许多公司建立了业务关系，他们都觉得我们产品的性价比是很高的，价格也是比较适中的，他们相信与我们合作（或购买我们的产品）能够得到相应的回报。"最终，张先生买到了自己称心如意的建筑材料。

【问题】

1. 张先生在购买建筑材料时提出的异议是什么?

2. 王经理是怎样化解这次异议的,并最终将产品顺利地售出?

三、连线题

【情景资料】认真阅读以下资料,分析顾客异议的类型。

(1)顾客说:"这个价格我们接受不了。"

(2)顾客说:"我们对现有的产品感到很满意。"

(3)顾客说:"我们现在还有存货,等以后再说吧。"

(4)顾客说:"我非常不满意你的服务。"

(5)顾客说:"这个事情不属于我们管理的范围,实在很抱歉。"

(6)顾客说:"这款手机是去年的产品,款式太陈旧。"

【要求】分析判断以上几种情景所涉及的顾客异议的类型,并连线。

(1)	商品异议
(2)	价格异议
(3)	需求异议
(4)	时间异议
(5)	权力异议
(6)	销售人员异议

拓展训练

【任务】导购员推销笔记本电脑,运用技巧并灵活处理顾客异议。

【目的】通过导购员在处理顾客提出有关笔记本电脑的异议进行强化训练,从而熟练掌握应对顾客异议的技巧,并能顺利将商品销售出去。

【要求】2个同学一组,1人进行商品介绍,另1人记录,并将训练情况填入附表4-1中。时间为每人5分钟,每组10分钟,学生可以交替训练。

附表4-1　导购员处理顾客异议训练记录表

评　价	态　度	技　巧	情　感
非常好			
好			
一般			
较差			

项目五　综合训练

巩固练习

一、判断题（正确的打"√"，错误的打"×"）

1. 顾客的成交障碍主要是顾客对购买决定的修正、推迟和避免行为。（　　）
2. 成交信号是指顾客提出决定购买商品的行为。（　　）
3. 请求成交法又称为直接成交法，是指销售人员向顾客主动提出成交的要求，直接要求顾客购买销售商品的方法。（　　）
4. 对个人而言，附加推销有利于提高收入，增加升职机会。（　　）
5. 不管什么时候都可以使用请求成交法。（　　）

二、案例分析题

【目的】学生能正确判断各种成交方法。

【案例】纸张粉碎机营销

一个办公用品销售员到某单位办公室推销一款碎纸机。办公室主任在听完产品介绍后摆弄起这台机器，并自言自语道："东西倒很适用，只怕办公室一些同志不会操作，机器用不了两天就坏了。"

销售员一听，马上接着说："这样好了，明天我把货送来时，顺便把这款碎纸机的使用方法和注意事项给大家讲一下。这是我的名片，如果使用中出现故障，请随时与我联系，我们负责修理。主任，如果没有其他问题，我们就这么定了？"

【要求】请同学们对本案例进行讨论，并说出这位销售员采用了哪种成交方法。

三、连线题

【情景资料】认真阅读以下资料，分析所涉及的成交方法。

（1）某化妆品专柜，顾客非常喜欢某件商品，但却显得犹豫不决、难以决断，导购员对顾客说："小姐，看得出来您很喜欢我们的产品，是不是担心是否适合自己？这样吧，我先送给您一些试用装，您如果用得好再过来。"过了几天，顾客就过来购买了一套产品。

（2）笔记本电脑导购员对顾客说："这是今年最流行的机型，我们一天就卖一百多台。请问先生现在要试试吗？"

（3）"裤子买两条打七折，非常划算。今天是做活动的最后一天了，明天就恢复原价。"

（4）"小姐，这两个包质量很好，也很适合您。您想要红色的，还是黑色的呢？"

（5）"先生，如果这裤子长了我们可以为您免费修改裤长，我给您开票吧，付款后您凭小票直接上五楼裁剪室就可以了。"

（6）导购员推销给顾客的产品价格合理，而且质量很好，断定顾客非买不可，所以对顾客说："小姐，这件红色的非常适合您，我帮您包起来吧！"

（7）美妆专柜导购员对一位正在比较各种口红颜色的顾客说："您手上的这支很适合您的年龄和肤色。来，我替您装好。"

【要求】分析和判断以上几种情景所涉及的成交方法，并连线。

（1）		请求成交法
（2）		小狗成交法
（3）		从众成交法
（4）		机会成交法
（5）		小点成交法
（6）		选择成交法
（7）		假定成交法

拓展训练

【任务】模拟推销羽绒服。

本店新到了两件售价较高的羽绒服，一件长款，一件短款。为了推动新款的销售，店长在早会中提出如果谁能够把这两件衣服一起卖掉，将获得50元的连单奖金。虽然有了鼓励，但是两周来都没有一个导购员能够同时卖掉两件羽绒衣。有一天，来了一个年轻女孩，对短款的衣服非常感兴趣，并告诉导购员她不久将去北方滑雪。

【目的】通过模拟推销，让学生熟练掌握成交的几种方法。

【要求】运用所学的知识，模拟一段对话让顾客同时购买两件羽绒服。

项目六　综 合 训 练

巩固练习

一、判断题（正确的打"√"，错误的打"×"）

1. 顾客是企业的生命之源，没有顾客企业就无法生存。　　　　　　　（　　　）

2. 三包是指包换、包修、包赔。　　　　　　　　　　　　　　　　　（　　　）

3. 交易营销高度重视加强与顾客的联系，力求培养忠诚顾客。　　　　（　　　）

4. 忠诚顾客的数量多少决定了一个企业的市场份额。 （ ）

5. 在跟踪回访服务过程中，应该多鼓励顾客说，多说"您"少说"我"。 （ ）

二、案例分析题

【目的】通过案例分析，进一步体会跟踪回访服务的重要性。

【案例】泰国东方饭店与顾客忠诚度

于先生因公务经常出差泰国，并下榻在东方饭店，第一次入住时良好的饭店环境和服务就给他留下了深刻的印象，当他第二次入住时几个细节使他对饭店的好感迅速升级。

那天早上，在他走出房门准备去餐厅的时候，楼层服务生恭敬地问道："于先生是要用早餐吗？"于先生很奇怪，反问道："你怎么知道我姓于？"服务生说："我们饭店规定，要背熟所有客人的姓名。"这令于先生大吃一惊，因为他频繁往返于世界各地，入住过无数高级酒店，但这种情况还是第一次碰到。

于先生高兴地乘电梯下到餐厅所在的楼层，刚刚走出电梯门，餐厅的服务生就说："于先生，里面请。"于先生更加疑惑，因为服务生并没有看到他的房卡，就问："你知道我姓于？"服务生答："上面的电话刚刚下来，说您已经下楼了。"如此高的效率让于先生再次大吃一惊。

于先生刚走进餐厅，服务小姐微笑着问："于先生还要以前的位置吗？"于先生的惊讶再次升级，心想："尽管我不是第一次在这里吃饭，但最近的一次也有一年多了，难道这里的服务小姐记忆力那么好？"看到于先生惊讶的目光，服务小姐主动解释说："我刚刚查过服务记录，您在去年的6月8日在靠近第二个窗口的座位上用过早餐。"于先生听后兴奋地说："老位置！老位置！"小姐接着问："老菜单？一个三明治，一杯咖啡，一个鸡蛋？"现在于先生已经不再惊讶了："老菜单，就要老菜单！"于先生已经兴奋到了极点。

上餐时餐厅赠送了于先生一碟小菜，由于这种小菜于先生是第一次看到，就问："这是什么？"服务生后退两步说："这是我们特色小菜。"服务生为什么要先后退两步呢？他是怕自己说话时唾沫不小心落在客人的食品上。这种细致的服务不要说在一般的酒店，就是美国最好的饭店里于先生都没有见过。这一次早餐给于先生留下了终生难忘的印象。

后来，由于业务调整的原因，于先生有三年的时间没有再去泰国。在生日的时候，于先生突然收到了一封东方饭店发来的生日贺卡，里面还附了一封短信，内容是：亲爱的于先生，您已经有三年没来过我们这里了，我们全体人员都非常想念您，希望能再次见到您。今天是您的生日，祝您生日愉快。于先生当时感动得热泪盈眶，心想如果再去泰国，绝对不会入住任何其他的饭店，一定要住在东方饭店，而且要说服所有的朋友也像他一样的选择住在东方饭店。

【要求】阅读以上案例并分析东方饭店是如何让于先生感动并忠诚于它的？对你有何启示？

三、填空题

【目的】学生能正确掌握顾客退换货的处理流程。

【要求】将附图6-1中空白处补全。

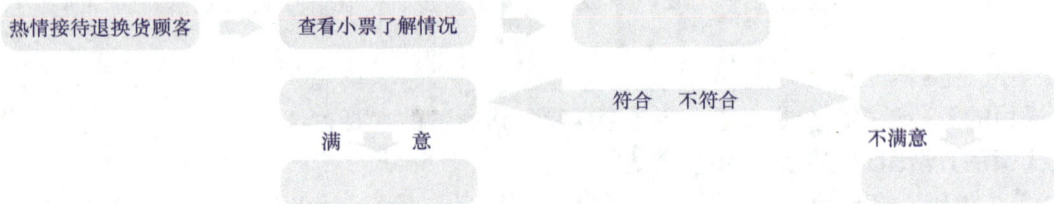

热情接待退换货顾客 ➡ 查看小票了解情况 ➡ [　　]

[　　] ⬅ 符合　不符合 ➡ [　　]

满　意　　　　　　　　　　　　　　　　不满意

[　　]

附图6-1　顾客退换货的处理流程

拓展训练

【任务】顾客李女士从导购员小王处购买了酸奶后，接着去一家餐馆吃饭。吃完饭，李女士随手拿出刚买的酸奶让自己的孩子喝，自己则在一旁跟朋友聊天，突然听见孩子大叫："妈妈，这里有苍蝇。"李女士寻声望去，看见小孩喝的酸奶盒里（当时酸奶盒已被孩子用手撕开）有只苍蝇。李女士当时火冒三丈，带着小孩来超市投诉。导购员小王和同事小宋正在工作……

【目的】熟练掌握处理突发事件的技巧。

【要求】1名同学扮演顾客李女士、1名同学扮演小王、1名同学扮演小宋，模拟顾客投诉现场，并解决李女士的投诉。

项目七　综 合 训 练

巩固练习

一、判断题（正确的打"√"，错误的打"×"）

1. 导购员是指在零售终端通过现场服务引导顾客购买、促进商品销售的人员。

（　　）

2. 职业定位的原则包括自我定位和关系定位。（　　）

3. 职业素养的三要素是专业知识、职业技能和职业态度。（　　）

4. 导购员要掌握商品知识、顾客心理、推销技巧，更需要创新能力。（　　）

二、案例分析题

【目的】通过案例分析让学生合理运用职业定位，准确地找出小王在工作中所遇到的困难。

【案例】销售人员职业行为的运用

小王在一家保险公司从事销售工作，他性格开朗，做事细致，对待顾客非常真诚。致使客户大多被这个有活力、真诚的小伙子所折服，并且愿意在他那里买保险。有了顾客的大力支持，小王的业务得以稳定发展，使其成为公司里的佼佼者。然而，当上管理者后，小王面对复杂的人际关系、对应变能力要求较高的商务场合时，常常感到力不从心。由于做事风格的不同，他在调整自己的角色位置时遇到很大困难，尤其是在协调各级销售代表之间的利益冲突等问题时，更是头疼不已。由于一些事情的处理不当，小王得罪了不少同事，其中既有手下的业务人员，也有自己的上司。现在的他很无奈，对于自己的前途很迷茫。

【问题】

1．保险业务员小王的职业定位是什么？

2．在工作中是什么原因导致小王很困惑？

三、填空题

【目的】学生能找出自身的不足，朝着成功者的方向努力。

【要求】根据自己的情况，完成附图7-1。

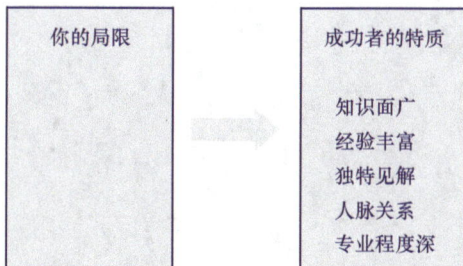

你的局限		成功者的特质
	→	知识面广 经验丰富 独特见解 人脉关系 专业程度深

附图7-1　熟悉自我及成功的特质情况

拓展训练

【任务】运用导购员自我检讨推销任意一款衣服。

【目的】通过导购员在工作中重新认识自我的强化训练，熟练掌握和顾客顺利交流的方法与技巧。

【要求】3个同学一组，1人扮演导购员进行商品介绍，1人扮演顾客，1人做记录，并将训练情况填入附表7-1中。时间为每人5分钟，每组15分钟，学生可以交替训练。

附表7-1　导购人员自我检讨训练记录表

评　　价	营 销 意 识	服 务 意 识	销 售 技 巧
非常好			
好			
一般			
较差			

参 考 文 献

[1] 王方定. 推销实训[M]. 大连：东北财经大学出版社，2016.

[2] 李红梅. 现代推销实务[M]. 5版. 北京：电子工业出版社，2018.

[3] 张丽丽. 商品推销[M]. 北京：北京理工大学出版社，2012.

[4] 李昊轩. 一本书读懂销售心理学[M]. 北京：中国商业出版社，2012.

[5] 弗里德曼. 销售洗脑：把逛街者变成购买者的8条黄金法则[M]. 北京：中信出版社，2016.

[6] 陆冰. 导购中的成交技巧与拒绝处理[M]. 北京：民主与建设出版社，2018.

[7] 王建四. 导购这样说才对[M]. 3版. 北京：北京联合出版公司，2017.